TOBIA CLIPBOOKS 03

라헬의 눈물

우리의 눈물 그리고 음악과 기도

저자 강신덕

강신덕 목사는
서울신학대학교와 캐나다 밴쿠버 리젠트 칼리지에서 기독교교육과 제자훈련을 공부하고 기독교대한성결교회 총회 교육국에서 오랫동안 성서 교재 만드는 일에 헌신했다. 현재는 샬롬교회 책임목사로 사역하고 있으며, 토비아선교회에서 순례와 말씀 아카데미 그리고 순례와 성서 관련 기독교 신앙 콘텐츠 선교와 강의 등으로 헌신하고 있다. 그 외에 다양한 번역과 저술 활동에도 힘쓰고 있다. 『예수의 길』, 『바울의 길』, 『갈릴리의 길』 , 『이방의 길』등 순례자를 위한 길 위 묵상집이 있으며, 『결실』, 『이 사람을 보라』를 비롯한 여러 저서가 있다.

TOBIA CLIPBOOKS 03

라헬의 눈물
우리의 눈물 그리고 음악과 기도

1판 1쇄: 2022년 3월 23일

저자_강신덕
책임편집_오인표
디자인_오인표 김진혁
홍보/마케팅_전원희 지동혁
펴낸이_강신덕
펴낸곳_도서출판 토비아
등록_107-28-69342
주소_서울특별시 은평구 은평로21길 31-12, 4층(녹번동)
인쇄_삼영인쇄사 02-2273-3521

ISBN: 979-11-91729-08-5 03230
책값은 뒤표지에 있습니다. 무단 전제와 복제를 금합니다.

『라헬의 눈물』 음원은 일반 음원사이트에서 서비스되며 개인감상의 목적에 한정됩니다.
『라헬의 눈물』의 유튜브 영상콘텐츠는 교회 및 단체에서 상영 가능합니다.

라헬의 눈물

우리의 눈물 그리고 음악과 기도

저자 강신덕

도서출판사 **TOBIA**

머리말
우는 이들을 위한 예배

김덕진 목사
토비아선교회 대표

♦

『라헬의 눈물』*Rachel's Weeping*은 일반적인 개인 묵상집이 아닙니다. 이 책은 세상 어딘가로 도피하듯 떠나 거기 홀로 앉아 조용히 묵상하는 책이 아닙니다. 이 책은 저녁나절 하루를 마감하고 앉아 피로를 푸는 마음으로 후다닥 읽어내는 책이 아닙니다. 이 책은 잠이 오지 않을 때를 대비해 침대 곁에 두고서 읽다가 잠에 빠지는 그런 책이 아닙니다. 이 책은 우리 주 예수님께서 십자가에 달리시던 주간, 즉 고난주간에 우리가 기도하는 자리로 나아가 거기 좌정하고 기도하듯 읽는 책입니다. 이 책은 우리의 몸과 마음과 영혼을 정갈하게 하고서 오직 우리 주 예수님의 십자가에 집중하여 기도하듯 읽는 책입니다. 이 책은 마치 오귀스트 로댕Auguste Rodin의 '생각하는 사람'이 풍기는 자세처럼 우리 몸을 상념의 정자세로 곧추 세우고서 기도하듯 읽어야 하는 책입니다.

이 책이 제안하는 내용과 방법으로 기도하다 보면, 우리 삶에 눈물이 의미하는 바를 깊이 이해하게 되고, 그 눈물이 우리 삶에서 우리를 어떻게 사람답게, 특별히 하나님의 사람답게 변화와 성장으로 인도하는지를 알게 됩니다. 무엇보다 이 책이 인도하는 대로 기도하다보면, 먼저 세상을 긍휼과 사랑의 마음으로 바라보게 됩니다. 그리고 눈물과 비탄이 우리 삶을 촉촉하게 적셔 영적인 열매들이 자라고 결실한다는 것을 깨닫게 됩니다. 눈물로 우리 자신과 서로를 바라보는 것이야 말로 우리가 회복해야 할 영적인 모습입니다. 눈물로 기도하고 묵상하는 것이야 말로 우리 삶이 십자가 은혜 가운데 부흥하는 지름길입니다. 눈물이 메마른 시대, 눈물의 강이 더 이상 흐르지 않아 마른 강바닥이 드러난 세상에서 우리는 '라헬'이 흘린 눈물을 통해 우리 삶에 눈물을 회복해야 할 것입니다.

이 책은 그래서 눈물을 흘리는 이들, 우는 이들을 위한 기도와 예배의 책입니다. 저자는 "눈물을 흘리지 않으면서, 눈물로 기도하지 않으면서 하나님을 믿고 예수 그리스도를 믿으며 교회에 다닌다고 말하는 시대가 슬프다"고 말했습니다. 그러면서 "자기를 슬퍼하고 서로를 위해 애통해 하며 세상 약한 자들을 위해 애통해 하며 그렇게 하나님의 눈물을 발견하고 세상을 눈물로 볼 줄 아는 안목을 가져야 한다"라고 말합니다. 토비아선교회는 저자의 마음을 담아 기독교 신앙 최고의 절기인 고난주간에 눈물로 기도하는 일을 제안합니다. 토비아선교회는 이번 고난주간에 이 책이 제안하는 토비아 앙상블의 조용한 눈물의 음악들과 더불어 묵상하고 기도하는 시간을 갖기를 제안합니다. 오늘 우리 교회들이 눈물로 기도하는 일을 회복하게 될 때 세상은 좀 더 예수 그리스도의 십자가 은혜 아래 가까이 다가가게 될 것입니다. 세상은 하나님 보시기에 좋았던 그 창조의 세계로 회복될 것입니다.

  이 책을 위해 수고하신 저자 샬롬교회 강신덕 목사님과 이 책의 편집과 제작을 위해 수고하신 토비아 출판의 사역자들에게 감사드립니다. 이 책이 교회들과 함께할 수 있도록 수고하는 선교회 동료들에게도 감사합니다. 무엇보다 이 책이 나오기까지 음악적 동반자로 동행해준 토비아 앙상블 김경응 장로님과 임이랑 집사님, 최소영 집사님, 그리고 이수 집사님에게 감사드립니다. 이 책은 무엇보다 샬롬교회 신앙의 동역자들의 눈물로 만들어졌습니다. 그분들과 더불어 하나님께 감사와 찬양을 드립니다.

2022년 3월 10일 토비아선교회 김덕진

동행의 글
눈물의 회복을 위한
샬롬교회의 제안

김은상
샬롬교회 장로
성균관대학교 삼성서울병원 신경외과 교수

샬롬교회는 늘 씨름하듯 신앙합니다. 샬롬교회는 이 세상 땅끝 부름 받은 자리에 하나님의 교회로 세움을 받았습니다. 야곱이 얍복강가에서 하나님과 씨름했듯, 모세가 아말렉과의 전쟁에서 이기기 위해 그의 손을 내리지 않기를 분투했듯 그렇게 하나님을 신앙해왔습니다. 샬롬교회 모든 구성원들은 겟세마네 동산에서 땀이 피가 되도록 기도하신 예수님을 기억합니다. 갈멜 산 정상에서 무릎 사이에 머리를 묻고서 열심히 기도하던 엘리야를 기억합니다. 샬롬교회는 레저를 즐기듯 하는 신앙을, 적선하듯 하는 신앙을 배격합니다. 샬롬교회는 참으로 우리가 가진 모든 것을 드려 세상 그 무엇보다 값진 것을 얻고자 하는 마음으로 신앙합니다. 그렇게 우리 신앙이 정금보다 나은 것으로 되기까지 수고하고 헌신합니다.

이번 고난주간에도 우리 샬롬교회는 강신덕 목사님과 함께 온 성도가 기도하는 가운데 산고를 겪듯 『라헬의 눈물』Rachel's Weeping을 세상에 내놓습니다. 우리는 성경의 어머니 '라헬'이 흘린 눈물의 의미를 기반으로 우리 삶의 자리에서 슬픔의 의미를 회복하고 그 눈물을 기도하는 영성으로 고양시키는 것이 무엇보다 중요하다는 것을 잘 알고 있습니다. 우리가 눈물로 우리 삶을 적실 때 우리 가정과 우리가 일하는 일터들 그리고 우리가 사는 세상은 기름지게 되고 풍성하게 되며 결실하게 될 것입니다. 우리가 눈물을 흘리지 않으면 세상은 척박하게 되어 결국 기근으로 메마른 땅이 되고 그렇게 기근과 전쟁은 우리를 뒤덮게 될 것입니다. 우리는 예수님께서 눈물의 고난으로 세상을 구원하셨다는 사실을 기억해야 합니다. 우리는 예수님께서 눈물 가운데 죽으심으로 세상이 구원의 기쁨과 회복의 영광을 누리게 되었음을 잘 알고 있습니다. 그래서 우리 샬롬교회는 이번 고난주간을 눈물로 보내고자 합니다. 스스로를 위해, 서로를 위해 그리고 하나님 나라를 위해 흘리는 눈물은 우리를 희망의 세상으로 인도할 것입니다.

이제 샬롬교회는 이 책을 읽는 여러분에게 '눈물 흘릴 것'을 제안합니다. 스스로 눈물샘이 말라 안구건조증 환자처럼 살아가고 있다면, 그래서 자신의 삶 뿐 아니라 가족과 이웃, 그리고 일터 모든 곳을 건조한 곳으로 만들어가고 있다고 생각하신다면 이 책을 읽고 묵상하시는 가운데 눈물을 회복하시기 바랍니다. 이 책을 읽고 묵상하는 가운데 여러분의 가정과 일터, 무엇보다 교회가 눈물을 회복하게 되기를 바랍니다. 우리 샬롬교회는 특별히 눈물의 의미와 눈물의 가치, 눈물의 사역을 잃어버린 한국교회에게 이 '라헬의 눈물'을 제안합니다. 눈물을 흘리는 교회가 세상 가운데 온전히 그 역할을 다하게 될 때 세상은 십자가의 은혜 아래로, 하나님의 나라로 보다 가까이 다가가게 될 것입니다.

이제 샬롬교회는 라헬이 흘린 눈물이 있는 자리, 눈물의 기도가 있는 자리로 여러분을 초대합니다. 이번 고난주간, 샬롬교회의 제안을 따라 매일 저녁 함께 눈물로 기도하는 은혜의 시간이 되시기 바랍니다. 아멘.

TOBIA CLIPBOOKS 03

라헬의 눈물
우리의 눈물 그리고 음악과 기도

머리말/김덕진 / 05

동행의 글/김은상 / 08

목차

좌정과 묵도: 라헬의 눈물 / 13

첫 번째 기도: 메마른 눈물 / 25

두 번째 기도: 어린이들의 슬픔 / 39

세 번째 기도: 어머니들의 눈물 / 53

네 번째 기도: 하늘 아버지의 눈물 / 67

다섯 번째 기도: 우리의 슬픔 / 81

여섯 번째 기도: 잊힌 자들의 눈물 / 95

기립과 찬양: 애통하는 자에게 복을 / 109

토비아 앙상블의 '라헬의 눈물'/김경응 / 123

토비아 앙상블의 사람들 / 130

좌정과 묵도
라헬의 눈물

침묵 가운데

01

　재즈가수 루이 암스트롱Louis Amstrong은 1962년에 아주 유명한 노래 하나를 불렀습니다. "그 누가 나의 괴롬 알며 또 나의 슬픔 알까." "그 누가 나의 괴롬 알며"*Nobody Knows the Trouble I've Seen*라는 찬송 372장입니다. 루이 암스트롱은 이 찬양에서 우리의 슬픔이 지극히 자기만의 괴로운 감정이라고 말합니다. 슬픔은 암스트롱의 노래처럼 확실히 우리의 개별적이고 주관적인 감정입니다. 그런데 슬픔이란 것이 정말 지극히 개인의 것이라면, 그것은 우리 마음과 정신을 혼미하게 하고 무기력하게 하며 결국에 견딜 수 없는 비애로 우리를 몰고 가 우리를 끝장낼 것입니다. 그런데 정작 우리의 슬픔은 그렇지가 않습니다. 우리가 경험하는 슬픔은 우리를 넘나드는 감정입니다. 그것은 때로 우리의 살갗에 머물며 우리를 견딜 수 없는 아픔으로 이끌기도 합니다. 그래서 우리로 하여금 찬송가의 가사처럼 한없는 고립감과 고독감을 제공하기도 합니다. 그러나 우리의 슬픔은 거기에 머물지 않습니다. 우리의 슬픔은 때로는 우리로 하여금 무한한 감정 전이의 과정, 즉 동감sympathy과 공감empathy의 세계로 이끌기도 합니다. 그뿐이 아닙니다. 우리의 슬픔은 우리로 하여금 스스로를 돌아보고 우리가 동감 혹은 공감하는 관계의 대상을 바라보게 하기도 합니다. 무엇보다 우리의 슬픔은 그 모든 슬픔의 근원자를 향한 극진한 영적 여행으로 우리를 안내하기도 합니다. 그렇게 해서 우리의 슬픔이 우리 자신만의 독특하고 개별적인 것으로 머물지 않게 하고 우리 슬픔이 누구나의 것, 모두의 것이 되도록 안내합니다. 그래서 루이 암스트롱은 누구도 알지 못하는 괴로움과 누구도 알지 못하는 슬픔에 대한 토로에 이어 하늘을 향해 "영광 할렐루야"Glory Hallelujah!를 외칩니다. 그렇게 함으로써 자기만의 슬픔을 공감하고 동감하는 슬픔으로, 나아가 하늘의 슬픔과 누구나의 슬픔으로 끌어올리는 것입니다. 누군가는 슬픔에 가려 장님이 됩니다. 반면에 누군가는 슬픔이라는 렌즈로 과거와 오늘 그리고 내일을 봅니다.

02

우리는 슬픔을 성찰해야합니다. 슬픔은 우리 묵상의 주제이며 우리 기도의 제목입니다. C. S. 루이스C. S. Lewis는 슬픔을 일종의 과정이라고 보았습니다. 그는 슬픔이 단절에서 관계로, 관계에서 고양으로 그리고 깊은 기도제목으로 이어진다고 보았습니다. 그런 면에서 루이스는 슬픔을 "헤아린"observed 사람입니다. 그가 『헤아려본 슬픔』A Grief Observed에서 "논"論하는 것처럼 루이스는 사랑하는 아내 조이Joy Davidman의 병환으로 인한 고통 그리고 죽음을 깊이 성찰합니다. 그는 아내의 죽음을 대면하고서 망연자실하여 이렇게 외칩니다. "어찌하여 나를 버리셨나이까?" 그리고 이런 슬픔을 안겨준 하나님에 대해 이렇게 말합니다. "왜 그분은 우리가 번성할 때는 사령관처럼 군림하시다가 환난의 때에는 이토록 도움 주시는 데 인색한 것인가?" 그는 하나님이 눈물로 탄원하는 자신 앞에서 "쾅"하고 문을 닫으시고 안에서 빗장을 지르고 소리를 질렀으며, 그리고 침묵했다고 말했습니다. "그러니 이것이 하나님의 실체인 거야." 루이스는 아내의 죽음 앞에서 이렇게 비관적으로 말합니다. 그러나 그는 아내 조이의 죽음을 성찰하면 할수록 전혀 새로운 세계로 나아갑니다. 그는 아내의 죽음을 객관화하고 성찰하는 가운데 그 죽음을 통해 하나님을 발견하고 하나님을 깊이 이해하는 길을 열어갑니다. 루이스는 아내 조이가 마지막 임종하는 순간을 이렇게 묘사합니다. "H는 내가 아닌 신부님에게 이처럼 말했다. '저는 하나님과 더불어 평화롭습니다.' 그녀는 미소지었으나 그 미소는 나를 향한 것이 아니었다." 루이스는 그녀를 다시 보기 위해 그녀가 바라본 곳, 그녀가 소망하는 곳을 함께 바라보아야 했습니다. 루이스는 지금 아내 조이의 죽음을 통해 하나님을 바라보고 하나님을 향해 고양되어야 한다는 것을 깨달은 것입니다. 상실이든 죽음이든 좌절이든 고통이든 그 모든 인간사의 지난한 고난으로 주어지는 슬픔을 깊이 성찰하는 일은 무엇보다 중요합니다. 그렇게 함으로 우리는 보다 인간적인 슬픔의 자리로, 보다 깊은 슬픔의 세계로, 보다 넓은 슬픔의 지평으로 나아가게 됩니다.

03

'라헬의 눈물'*Rachel's weeping*은 창세기 야곱의 이야기로부터 시작됩니다. 언니 레아에 비해 라헬은 남편의 지극한 사랑에도 자녀를 가질 수 없었습니다창 29:31. 그래서 그녀는 외롭고 슬펐습니다. 라헬의 눈물은 또한 자기 없이 홀로 살아갈 베냐민에 대한 슬픔을 의미하기도 합니다. 그녀는 둘째 아들 베냐민이 태어날 때 자신의 죽음을 직감하고 그 아들이 겪게 될 어미 없는 어려움을 미리 슬퍼했습니다창 35:18. 라헬의 눈물은 그가 죽고 난 이후에도 계속됩니다. 예레미야는 이스라엘의 범죄와 이스라엘의 고난 그리고 이스라엘의 파괴 및 멸망 때문에 라헬이 슬퍼한다고 말했습니다렘 31:15. 이후 예수님께서 세상에 오셨을 때 수많은 베들레헴의 어린아이들이 죽게 되었을 때에도 라헬은 또다시 눈물을 쏟았습니다마 2:18. 라헬의 눈물은 말하자면 하나님 백성의 계보가 끊어짐과 그들의 고난, 그들의 죽음에 대한 슬픔을 말합니다. 라헬의 눈물은 자식이 없는 슬픔의 대변입니다. 라헬의 눈물은 동시에 자식을 잃은 슬픔의 대변입니다. 동시에 라헬의 눈물은 자식의 방황과 그로 인한 고난에 대한 슬픔의 대변이기도 합니다. 라헬의 눈물은 하나님의 피조물과 하나님의 백성이 이 땅 가운데서 경험하는 모든 종류의 고난과 고통, 상실과 결국에 죽음에 대한 모성적 슬픔을 말합니다. 그런데 라헬의 눈물은 모성적 탄식과 애도를 넘어서 우리가 다시 일어서게 되는 길, 우리가 회복하여 삶을 계속 이어가게 되는 도약대이기도 합니다. 라헬의 눈물은 우리가 삶을 보는 눈이고 우리가 삶을 이어가는 힘입니다. 우리가 만일 라헬의 눈물을 통해 우리 자신과 우리의 사랑하는 사람들 그리고 세상의 슬픔을 볼 수 있게 된다면, 거기서 우리의 새로운 살 길이, 새로운 생명이 일어서는 것을 보게 될 것입니다. 성서학자인 니콜라스 월터스토프Nicholas Wolterstorff는 사랑하는 아들을 잃고 기록한 글,『나는 사랑하는 사람을 잃었습니다』Lament for a Son 에서 이렇게 말했습니다. "나는 눈물을 통해 세상을 보게 될 것입니다. 아마도 나는 메마른 눈으로는 볼 수 없는 것들을 보게 될 것입니다."

04

우리는 하나님을 향해 슬퍼하지 말아야 합니다. 우리는 하나님을 슬퍼할 필요가 없습니다. 우리는 오히려 그 분이 우리에게 슬픔에 대해 하시는 말씀을 귀담아 들어야 합니다. "나를 위하여 울지 말고 너희와 너희 자녀를 위하여 울라" 눅 23:28. 그렇습니다. 이 말씀은 예수님께서 골고다를 향해 십자가를 지고 가시다가 당신을 따라오면서 애곡하는 여인들을 향해 하신 말씀입니다. 예수님께서 하신 이 말씀은 오늘 우리에게 슬픔을 대하는 법을 가르치시는 하나님의 말씀이기도 합니다. 우리는 하나님의예수님의 말씀대로 하나님의 '신적인 슬픔'divine sorrow에 가까이 이르려 하지 말아야 합니다. 우리는 오히려 하나님께서 우리에게 충고하시는 대로 우리의 눈을 '인간적인 슬픔'human sorrow에 맞추어야 합니다. 그렇게 해서 우리는 슬픔을 자아내는 세상과 그로인해 벌어지는 우리 지근거리의 슬픔들을 더욱 깊이 그리고 인간적으로 살펴야 합니다. 그렇게 우리가 우리 자신과 우리 근거리의 슬픔에 빠져들면 우리의 슬픔은 하나님의 슬픔과 연결됩니다. 우리는 자신의 슬픔과 동료들을 향한 슬픔을 깊이 연민하고 그에 대해 성찰하는 가운데 그 의미를 통찰하게 되면, 거기서 우리는 우리와 동일한 종류의 연민과 애통함으로 울고 계신 하나님을 보게 될 것입니다. 그렇게 우리의 슬픔이 지극한 슬픔이 되고, 우리 슬픔이 모두의 슬픔이 되며, 우리 슬픔이 하나님의 슬픔이 될 때, 우리는 슬픔으로 움직이는 세상의 역동성, 슬픔으로 펼쳐지는 세상의 새로운 미래를 볼 수 있게 됩니다. 윌리엄 셰익스피어William Shakespeare가 말했듯 "기쁨이 강렬할수록 슬픔의 기억 역시 또렷"합니다. 인간적인 슬픔의 체감이 분명하고 그에 대한 통찰이 명료할수록 내일의 기쁨의 태양 역시 강렬하게 우리를 비추게 됩니다. 오늘 우리의 상실과 죽음에 대한 슬픔이 참담하고 그 탄식이 깊을수록 하나님께서 허락하시는 부활의 영광은 더욱 선명하게 역사할 것입니다.

05

오늘 우리는 주어진 기도의 자리에서 조용히 좌정하여 무릎 꿇고 우리 삶에 주어진 슬픔의 실체를 대면해 봅니다. 우리는 하나님의 피조물로서 울 줄 알아야 합니다. 우리가 사는 세상은 예전이나 오늘이나 변함없이 고통과 상심뿐이고 우리의 눈물은 마를 날이 없습니다. 그런데 이런 세상에서 눈물에 진솔한 사람들이 있습니다. 우리의 어린아이들, 우리의 어머니들, 그리고 우리의 아버지들입니다. 우리의 어린아이들은 세상이 주는 고통에 취약하고 그로 인한 눈물에 연약합니다. 그들은 우리 스스로가 만들어내고 세상이 강화한 온갖 종류의 고통의 도구들 가운데 신음하여 눈물 흘립니다. 그런 어린아이들을 향해 눈물 흘리기를 주저하지 않는 이들이 있습니다. 그들은 바로 어머니들과 아버지들입니다. 세상의 어머니와 아버지들은 자녀들의 상실과 고통에 약자들입니다. 그래서 그들은 언제나 자녀들 앞에서, 어린이들 앞에서 눈물 흘립니다. 우리는 그들을 통해 슬픔의 실체를 알고 그들이 눈물 흘리는 방식을 "헤아리는" 가운데 우리 자신의 비참함을 엿보게 됩니다. 그리고 우리 스스로를 향해 눈물지을 길을 열게 됩니다. 메마른 눈이 세상을 이기는 힘이라 믿었던 잘못된 가치를 내려놓고 눈물 가득한 눈이 세상을 보다 바르게 하는 것이라 확신하는 길입니다. 그렇게 우리가 스스로 눈물을 흘릴 줄 알게 되면, 비로소 우리는 눈물로 보는 세상을 알게 됩니다. 그리고 세상 곳곳에서 새로운 세상, 보다 인간다운 세상을 위해 눈물의 사도로 헌신한 사람들을 보게 됩니다. 그들이 하나님에 의해 감춰진 채로 눈물 뿌리며 가꾼 세상의 실체를 그제야 우리는 보게 됩니다. 우리의 눈물의 여정이 외롭고 우울하지만은 않습니다. 눈물을 흘릴 준비가 되었다면, 여기 소개되는 몇몇 세속의 음악과 거룩한 음악들이 우리의 눈물의 길에 조력자가 되어 줄 것입니다. 그러니 이 책이 제안하는 대로 눈물 탐색의 길을 나서게 될 때 눈물의 조력자들, 음악을 함께 듣는 일을 잊지 말아야 하겠습니다. 이제 준비되었다면 책과 함께 눈물의 여행을 시작하겠습니다.

첫 번째 기도
메마른 눈물

Edward Elgar
Variations on an original theme op. 36
'Enigma' No.9 "nimrod"

Edward Elgar

Variations on an original theme op. 36 'Enigma'
No.9 "nimrod"

01

 1453년 5월 29일 유럽 동쪽 기독교 신앙의 절대 수호자였던 비잔틴 제국이 무너졌습니다. 이슬람 신앙으로 무장한 오스만 투르크의 술탄 메흐메트 2세Sultan Mehmet II는 커다란 대포와 날렵하고 잔인한 근위대 예니체리Janissaries를 앞세워 콘스탄티노플을 공격했습니다. 그리고 마침내 천 년 동안이나 동방 기독교의 중심이었던 성스러운 도시 위에 이슬람의 초승달 깃발을 세웠습니다. 동로마 제국의 데오도시우스 2세가 콘스탄티노플을 두른 화려하고 견고한 삼중 성벽은 여지없이 무너졌습니다. 그날 케르코포르타Kerkoporta라고 불리는 작은 쪽문 망루 위에 이슬람의 깃발이 펄럭였을 때 콘스탄티노플의 군인들과 시민들은 그들의 위대한 도시가 끝장났다는 것을 깨달았습니다. 그들의 황제 콘스탄틴 11세Constantine XI Palaiologos는 탈출하자는 주변의 청을 거절하고 몇몇 병사들과 함께 밀려드는 적군 사이로 사라졌습니다. 귀인들과 힘 있는 사람들 그리고 이탈리아의 용병들은 도망쳤습니다. 그러나 콘스탄티노플의 시민들은 대부분 그날과 이어진 삼일간의 약탈에 잔인하게 죽임당했습니다. 가장 슬픈 죽음은 도시 중심에 우뚝 서 있던 아름답고 웅장한 하기아 소피아Hagia Sophia, 소피아대성당안에서 벌어졌습니다. 사제들은 도시의 몰락을 뒤로한 채 교회 안에 있던 노약자들과 여인들 그리고 상처 입은 병사들과 함께 동쪽 성소를 바라보며 마지막 예배를 드렸습니다. 그리고 그 모습 그대로 이슬람 병사들에게 학살되었습니다. 콘스탄티노플이 무너지던 그 날, 무수한 생명이 무참히 희생되던 그 날, 로마 2천 년의 영광을 지키던 아우구스테움Augusteum 역시 무너졌고 기독교 역사에 길이 빛나던 두 개의 교회, 하기아 소피아와 하기아 에이레네Hagia Eirene는 모스크와 에니체리의 무기 창고로 모습을 바꿨습니다. 1453년 5월 29일, 오순절 절기를 앞두고 있던 콘스탄티노플은 성령의 거룩한 임재 대신 잔인한 이방 제국의 공격을 받아 처참하게 파괴되고 무너져 내렸습니다. 그 모든 광경을 바라보던 많은 사람이 슬픔의 눈물을 흘렸습니다.

02

나중에 교황 비오 2세Pius II가 되는 에네아 실비오Aeneas Sylvius는 콘스탄티노플이 무너졌다는 소식을 듣고 교황 니콜라오 5세Nicholas V에게 이렇게 말했습니다. "당신의 시대에 콘스탄티노플이 무너졌습니다. 만일 후대가 이 일에 대해 무지하게 되고, 그런데 만일 그 무지한 세대가 이 모든 일이 일어난 것이 바로 당신의 시대라는 것을 알게 된다면 그들은 모두 당신을 비난할 것입니다." 서방 세계가 동방의 무너져 내린 콘스탄티노플을 보고 애도해야 한다고 말한 것입니다. 물론, 교황 니콜라스 5세는 콘스탄티노플의 함락 이후 여러 조처를 했습니다. 콘스탄티노플의 유민들을 서방 세계로 받아들이고, 교회의 사제들이 사역을 이어갈 수 있도록 했으며, 동방의 학자들과 예술가들이 연구와 활동을 이어갈 수 있도록 도왔습니다. 그 덕분에 이탈리아의 르네상스 예술은 더욱 빛을 발했고, 성경 연구와 번역은 더욱 깊어지고 풍성해졌습니다. 그러나 니콜라스 5세가 했던 가장 의미 있는 일은 콘스탄티노플을 위한 '애가'lamentation를 지은 것입니다. 이 일은 당대의 훌륭한 교회 음악 작곡가 프랑스의 기욤 뒤페Guillaume Dufay에게 주어졌습니다. 그는 프랑스 부르고뉴 악파를 이끌며 교회 미사 음악을 단선음악에서 다성음악으로 발전시킨 멋진 음악가였습니다. 그런 그가 '콘스탄틴노플을 위한 애가'*The Lamentation for the Fall of Constantinople*를 지었습니다. 기욤 뒤페는 자신이 지은 애가의 내용을 성경의 '예레미야 애가'에서 가져왔습니다. 그 옛날 선지자 예레미야가 바벨론에 멸망하여 모든 것이 파괴된 예루살렘을 바라보며 부른 슬픈 노래를 콘스탄티노플을 위한 애가에서 재현한 것입니다. '콘스탄티노플을 위한 애가'는 1534년 2월 프랑스 부르군디에서 '선량공 필립'Phillipe le Bon에 의해 처음 공개되었습니다. 그때 가수 한 사람은 무너진 콘스탄티노플을 대변하듯 여성 복장을 하고서 "매우 애절하고 슬픈 음색"으로 도시의 비탄을 노래했습니다. 콘스탄티노플을 위한 애가는 이후 여러 교회에서 그리고 여러 모임에서 연주되었습니다. 당대의 많은 사람은 기욤 뒤페의 노래에 기대어 하나님의 도시가 파괴되고 그들의 기독교 신앙마저 위협받는 현실을 슬퍼하며 기도했습니다.

03

시인 도종환은 열두 살 소년이던 때 라디오에서 들려주던 슈만의 '트로이메라이'*Traumerei*를 듣고 울었다고 합니다. 도종환은 그때 마음을 이렇게 시로 표현했습니다. "라디오에서 흘러나오는 현악기 소리는 창문을 빠져나가 밤하늘로 가느다란 꼬리를 끌고 올라가곤 했는데 나는 창틀을 두 손으로 잡고 가만히 울었다." 그의 시는 이렇게 이어집니다. "노래를 보내 이 세상이 얼마나 슬픈 곳인지를 알게 한 이는 누구일까." 우리의 슬픔을 무언가에 기댈 수 있다면 행복한 슬픔입니다. 눈물은 기댈 곳을 타고 흘러내립니다. 떨리는 손을 잡아주는 가로등 기둥, 맥이 풀려버린 두 다리를 받아주던 공원 벤치, 시린 마음을 알아주던 레코드 가게의 음악, 라디오에서 울리는 시인의 노래를 기대어 타고서 우리의 슬픔은 터지고 솟아오르고 흘러내립니다. 그런데 우리의 슬픔은 이제 기댈 곳이 없습니다. 기댈 곳 하나 없는 광야의 현실 한복판에서, 터지는 슬픔은 곧 시들어버립니다. 솟구치는 눈물은 말라버립니다. 쏟아져 흐르던 눈물도 순식간에 증발해 버립니다. 우리의 슬픔은 간데없고 우리의 비탄은 어느새 사라져버립니다. 눈물 마른 두 뺨의 소금기마저 핥으며 광야 현실의 바람이 우리를 스쳐 지납니다. 그런데 광야의 메마른 현실에서조차 우리는 슬픔으로 이끄는 소리를 들어야 합니다. 여기 엘가의 수수께끼 변주곡 가운데 하나 "님로드"Nimrod, 창세기 10장에 등장하는 사냥꾼 니므롯가 들려옵니다. 그의 음악은 친구인 예거Jager의 이름이 '사냥꾼'이라는 뜻을 가진 것에서 비롯된 것입니다. 그런데 엘가의 음악은 엘가의 의도와 달리 우리의 쌓여있는 슬픔의 눈물샘을 자극합니다. 그리고 우리가 기대어 눈물 흘리며 슬퍼할 수 있는 공간과 여지를 마련해 줍니다. 성경의 니므롯이 벌인 온갖 교만하고 폭력적인 행동들, 그가 쌓은 바벨탑으로 인한 고통의 현실을 은근히 위로하는 것 같습니다. 그래서일까요. 음악은 2017년 영화 '덩케르크'Dunkirk 속 독일군에게 밀려 해변에 모여든 병사들을 구하기 위해 영국의 민간인 배들이 몰려오는 장면에서 감명 깊게 흘러나옵니다. 엘가의 "님로드"는 공포와 절망에 눈물마저 말라버린 병사들의 어깨를 감싸며 그들로 하여금 눈물로 그들의 공포스러운 현실을 마주하게 도와줍니다.

04

그런데, 슬픔은 우리에게서 이미 떠났습니다. 슬픔과 눈물은 우리 삶 어디에서도 그 자리를 잃어버리고 허망하게 우리에게서 밀려나 버렸습니다. 슬픔과 눈물이 떠나버린 현실은 냉정합니다. 너무도 차갑게 굳어 우리의 그 어떤 서사도, 서정도, 그 어떤 하소연도 스며들 가능성이 없어 보입니다. 우리는 지금 눈물 없이 그리고 슬픔 없이, 윤활유 없는 인생 바퀴를 돌리며 삐거덕거리는 불편한 소음과 더불어 매일을 살아갑니다. 눈물을 잃은 우리는 점차 무심해 지고 점점 무도해져갑니다. 마치 톨스토이Leo Tolstoy의 소설 『이반 일리치의 죽음』 첫 장면에 나오는 사람들처럼, 어떤 슬픔과 비탄도 없고, 어떤 탄식도 없이, 그리고 어떤 애도의 마음도 없이 우리 자신의 고통과 슬픔, 절망과 좌절, 상실과 죽음을 소비해 버립니다. 그들은 모두 한 방에 앉아 이반 일리치의 죽음을 알리는 소식을 접하면서 "그 죽음으로 그들 자신이나 혹은 친지들이 어떻게 직책이 바뀌고 승진하게 될 것인가"만을 생각합니다. 그들은 오직 누군가의 소멸과 파멸 그리고 상실을 통해 그들이 누리게 될 것만을 생각합니다. 그들은 손에 들고 선 부고장을 슬픔과 애도의 길로 안내하는 초청장이 아니라 그들의 승진과 보다 나은 삶을 위한 승차권으로 여기고 있습니다. 이반 일리치의 죽음에 직면해 마음으로 온통 자기 이익과 편리만을 생각하면서 그들은 이렇게 말합니다. "어쨌든 조문은 다녀와야지. 그런데 우리 집에선 너무 멀단 말이야..." 슬픔을 상실한 것은 소설에 등장하는 사람들만이 아닙니다. 슬픔의 상실은 오늘 우리 모두의 자화상입니다. 우리는 언젠가부터 슬퍼할 기회를 얻지 못하고 있습니다. 아니 슬퍼할 겨를이 없게 되었습니다. 그러나 슬픔 없는 인생은 작가 해롤드 쿠쉬너 Harold S. Kushner가 말했듯 "태양 아래 그림자 없이 선 나무"와 같습니다. 우리는 찬란한 태양 아래 우리의 밝은 면만을 이야기하자고 말하는 거짓된 현실을 살아갑니다. 거짓된 현실은 우리를 다시 메마른 현실로 인도합니다. 그렇게 슬픔이 주는 위로와 눈물로 넘어서는 회복의 서정적인 기회는 영영 멀어졌습니다.

05

예루살렘에서 사는 한 유대인이 이런 글을 자신의 페이스북에 남겼습니다. "예루살렘에서 산다는 것...그것은 각종 테러의 위협과 종교적 갈등의 소란스러움을 이웃으로 삼아 사는 것을 의미합니다. 더불어 예루살렘에서 산다는 것은...고통과 상실, 절망과 좌절의 순간에 찾아가 마주하고 눈물을 흘릴 수 있는 통곡의 벽과도 이웃하여 사는 것을 의미하기도 합니다." 오늘

우리가 사는 곳, 우리 마을과 우리 도시와 우리 공동체에서 기대어 눈물을 흘릴만한 것이 사라져 갑니다. 우리에게는 눈물의 여지가 필요합니다. 가슴으로부터 차오르는 눈물을 쏟아낼 시간과 공간이 필요합니다. 예수님께서는 슬퍼할 줄 모르는 우리의 모습을 보며 안타까워하셨습니다. "우리가 너희를 향하여 피리를 불어도 너희가 춤추지 않고 우리가 곡하여도 너희가 울지 아니하였다"눅 7:32. 그래서인지 예수님께서는 슬플 때 슬퍼할 줄 아는 모습을 스스로 보이셨습니다. 예수님께서는 당장 세례 요한이 헤롯의 생일잔치에서 잔인하게 죽임당했을 때 갈릴리 외진 곳으로 가셔서 그의 죽음을 애도하셨습니다마 14:13. 친구인 나사로의 주검 앞에서는 눈물을 흘리며 그의 죽음을 애도하셨습니다요 11:35. 또 예수님께서는 십자가를 향해 나아가던 길에 잠시 감람산 자락에 앉아 예루살렘을 바라보며 그 성이 직면하게 될 큰 고통과 시련을 예견하시고 눈물 흘리는 시간을 가지셨습니다눅 19:41~44. 이스라엘이 바벨론에게 무너졌을 때, 그래서 많은 사람이 죽고 포로되어 끌려가는 현실에서 예레미야는 애가를 지었습니다. 예레미야는 파괴와 상실의 순간, 고통과 절망이 교차하는 순간에 눈물마저 말라버린 이스라엘 백성에게 애가를 지어주어 슬퍼할 시간과 공간, 그리고 길을 열어주고 있습니다. 애통하는 마음으로 슬픈 현실을 보고 애통해 하며 눈물 흘릴줄 아는 이가 복이 있습니다. 슬픔이라는 말에 문맹이 되어버린 시대에 우리에게는 눈물의 자리로 안내하는 '애도자'lamenter, 우리가 기대어 눈물을 흘릴 만한 '애가'lamentation가 필요합니다.

두 번째 기도
어린이들의 슬픔

Edward Elgar
3Motets op.2, No.1 "Ave Verum Corpus",
No.2 "Ave Maria"

Edward Elgar

3Motets op.2, No.1 "Ave Verum Corpus",
No.2 "Ave Maria"

01

    2015년 9월 2일 이른 새벽 터키 서남부 해안의 보드룸 Bodrum에서 작고 낡은 보트 하나가 바다로 나갔습니다. 한눈에 보기에도 작고 형편없는 배는 약 30킬로미터 떨어진 바로 건너편 그리스의 섬 코스Kos로 향해 가고 있었습니다. 배에 오른 사람들은 대부분 내전과 테러로 살 곳을 잃은 시리아와 이라크 사람들이었습니다. 어렵사리 터키로 들어와 반도를 횡단해 서쪽 해안까지 온 난민들은 그리스로 넘어갔다가 독일 등 유럽 각지로 혹은 더 살기 좋은 나라로 흩어질 생각이었습니다. 배에 탄 사람들 중에는 알란 쿠르디Alan Kurdi라는 남자아이가 있었습니다. 알란은 아버지를 따라 형, 어머니와 함께 시리아의 고향 코바니Kobani를 떠나왔습니다. 이번이 두 번째였습니다. 지난번에는 시리아의 내전으로 고향이 전쟁터가 되는 바람에 난민이 되어 고향을 떠났었는데, 이번에는 이슬람 테러 단체 ISIS의 무자비한 공격과 테러로 다시 고향을 등지게 되었습니다. 이제 막 네 살이 된 알란은 어린 나이에도 고향과 집을 떠나 난민으로 살아가는 낯설고 두려운 상황을 많이 겪었습니다. 그런데, 캄캄한 밤에 올라탄 작고 낡은 배 그리고 거친 바다는 작은 아이에게 더 큰 두려움을 안겨주었습니다. 알란의 어머니마저 큰 바다에 대한 두려움이 많은 사람이어서·어린 알란은 그 상황이 더욱 큰 공포로 다가왔습니다. 그런데 떠난 지 한 시간 쯤 되어 보드룸과 코스 사이 중간쯤에 도달했을 때, 알란이 탄 배 엔진이 멈췄습니다. 고장이 난 것입니다. 선장과 안내인이 여러 가지 노력을 해보았지만 허사였습니다. 배는 표류하기 시작했습니다. 얼마 후 동력을 잃은 작고 낡은 배는 뒤집히고 말았습니다. 사람들은 모두 바다에 빠졌습니다. 알란의 아버지는 아내와 아이들을 살리기 위해 필사의 노력을 다 했습니다. 그러나 역부족이었습니다. 차가운 바다는 곧 알란의 어머니 레하나Rehana와 형 갈립Galib 그리고 어린 알란을 집어 삼켰습니다. 전쟁과 테러를 피해 집과 고향을 떠난 알란과 형 그리고 어머니는 그날 차가운 바다에서 모두 익사하고 말았습니다.

02

다음 날 아침, 알란의 시신은 지난 밤 떠나왔던 보드룸의 해변으로 돌아왔습니다. 터키 해양 경찰은 알란의 시신과 더불어 알란의 어머니와 형의 시신도 수습했습니다. 시신이 수습되기 전 터키 도안 통신의 기자인 닐류페르 데미르Nilufer Demir는 바닷가에 엎드린 채로 있는 알란의 마지막 모습을 사진으로 찍었습니다. 그리고 그것을 전 세계에 보냈습니다. 시리아를 비롯한 중동과 아프리카로부터 온 난민들의 비참한 현실을 세상에 알리기 위해서였습니다. 파괴된 고향과 나라를 떠나 난민이 되어 지중해를 떠도는 많은 사람들, 특히 어린아이들의 현실은 지극히 참담한 것입니다. 난민 아이들은 사막과 광야길에서 그리고 적대적인 이방의 도시들에서 몸과 마음이 피폐해 집니다. 그러다가 알란처럼 거친 들판에서, 도시의 길가에서 혹은 난민촌에서 그리고 바다에서 짧은 생을 마감합니다. 알란도 그렇게 4년하고 두 달이 조금 넘는 인생을 비참하게 마쳤습니다. 알란과 그의 형 갈립 그리고 어머니 레하나는 곧바로 매장되었습니다. 이슬람의 법이 죽은 자를 하루 안에 매장하도록 되어 있기 때문이었습니다. 알란의 아버지 압둘라 Abdullah는 자기들이 입고 있던 구명조끼가 엉터리였다고 말했습니다. 그러면서 아이들과 아내의 죽음이 선장과 안내인의 잘못이라고 말했습니다. 선장과 안내인은 난민들이 과도하게 몰리는 것이 문제라고 하면서 자기들의 무죄를 주장했습니다. 시리아 정부는 어린 알란의 죽음을 애서 외면했습니다. 그들은 조국을 버리고 떠난 사람들에게 신경 쓸 틈이 없다고 말했습니다. 한편, 알란이 차가운 바다에서 죽은 일에는 터키와 캐나다 정부도 한몫을 했다는 것이 후에 밝혀지기도 했습니다. 알란의 친척이 알란의 가족을 캐나다로 초청했는데 캐나다 정

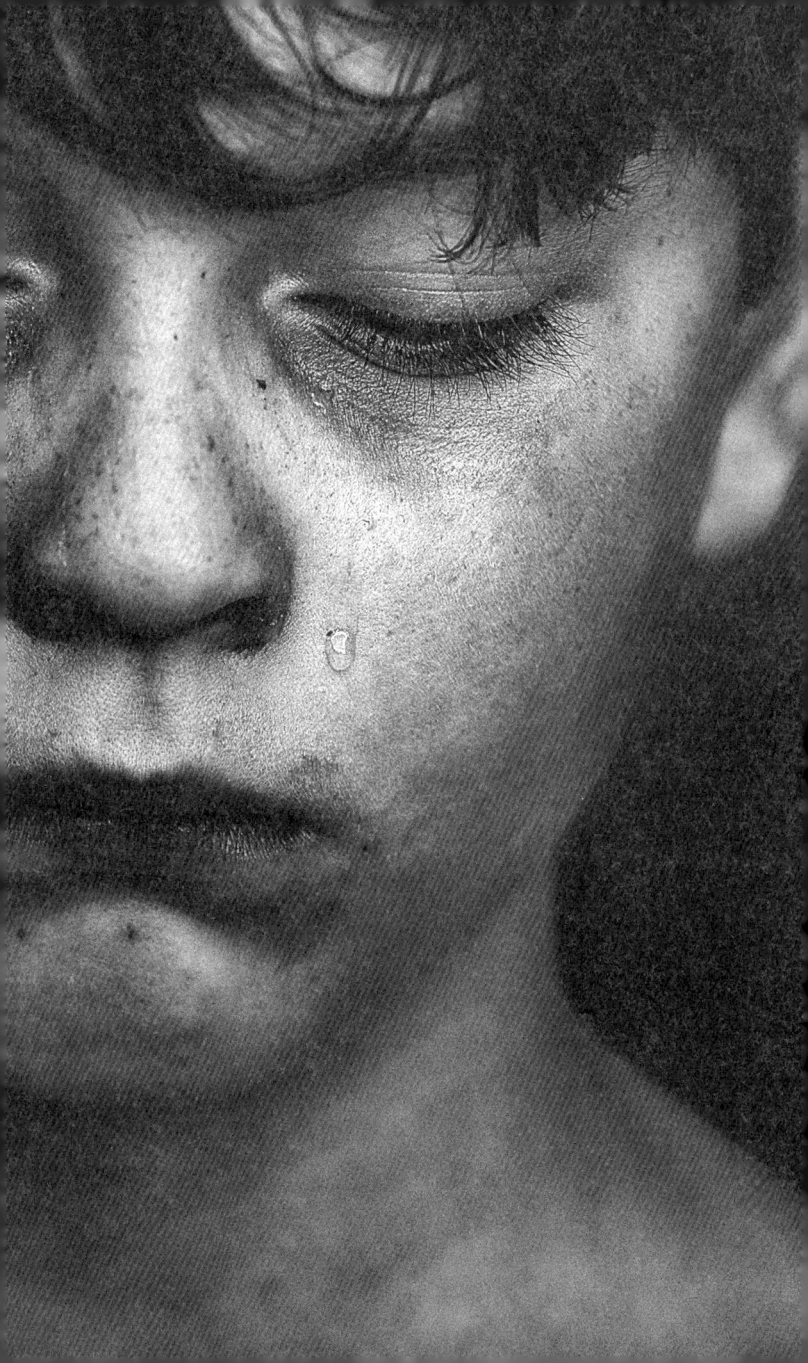

부와 터키 정부가 여러 가지 이유를 들어 그들의 출국과 입국을 막은 것입니다. 그렇게 어른들이 외면하고 전가하는 사이 알란은 들판을 걷고, 도시의 후미진 곳에서 노숙을 하고, 난민촌에서 먹을 것을 구걸하고, 그리고 거친 바다에서 공포에 떨다가 결국 죽고 말았습니다.

03

이 세상에서 어린이들은 슬픕니다. 어린이들은 어른들이 만들어낸 온갖 종류의 갈등과 싸움, 폭력, 어른들의 인식과 몰인식 사이에서 고통당하고 희생됩니다. 그들은 세상 곳곳 어른들이 만들어낸 온갖 종류의 높고 험한 건축물들 그리고 위험스러운 도구들 사이에서 길을 잃고 강탈당하고 그렇게 다치고 쓰러져 낙오하여 죽게 됩니다. 어린이들은 어른들이 만들어낸 세상, 그러나 교만과 미움 가운데 비틀어져버린 세상을 살아가며, 얼기설기 찌그러진 그 구조물들 사이로 흐르는 산성 물질 같은 독배를 가장 먼저 마시는 존재입니다. 그런데 어린이들이 겪는 아픔과 고통은 어린 아이들의 고통이 누구의 책임도 아니라는 듯 구는 현실 세계의 부모를 비롯한 어른들의 태도에서 그 지극한 실체를 드러냅니다. 그것은 마치 에벌린 워Evelyn Waugh의 소설 『한 줌의 먼지』*A Handful of Dust*에 등장하는 한 아이의 죽음에 대한 간명한 언급, 부모의 극단적인 갈등과 대립 사이에서 천진난만하게 승마놀이를 하다가 조랑말에서 떨어지고 결국에 다른 말의 뒷발에 채여 허리가 꺾인 채 도랑에 처박혀 죽은 아이 존에 대한 주변 어른들의 일치된 한 마디, "모두가 이 일은 누구의 잘못도 아니라 생각했다"에서 드러나는 어른들의 어린이에 대한 무감각한 마음과 같습니다. 역설적이게도 소설은 아무도 다치지 않기를 바라는 마음으로 시작됩니다. "다친 사람은 없었어요?" 소설의 시작은 분명 이렇습니다. 그렇게 모두의 안전을 확인한 뒤 소설은 결국 가장 연약하고 가장 어린 아들 존을 죽음으로 이끕니다. 이 세상은 에벌린 위의 소설처럼 뒤를 돌아보지 않는 어른들의 질주로 가득합니다. 어른들이 위험한 덫으로 가득한 세상을 질주하는 사이 어린 '존'은, 그리고 어린 '알란'은 상처입고 낙오되어 허무하게 죽고 맙니다. 어른들은 어린 아이들의 죽음을 눈으로 보면서도 그것이 세상이라고 말하며 아무 일 없다는 듯 다시 자기들이 만든 정글 같은 세상으로 전진하여 나아갑니다. 이것이야말로 어린이들이 살아가는 슬픈 현실, 우리가 사는 세상입니다.

04

그런데, 우리 세상의 고통을 경험하는 어린이들은 단지 우리의 어린 아이들, 즉 생물학적인 미성숙자들에 제한되지 않습니다. 우리 시대 고통을 경험하는 이들은 다양한 '어린' 모습으로 존재합니다. 어른들에 비해 어린이들이 가장 대표적으로 고통 받는 사람이기도 하지만, 남자들에 비해 여자들이 그렇고, 가진 자에 비해 가지지 못한 사람들이 그렇기도 합니다. 상급자에 비해 하급자들이 그렇고, 고용주에 비해 고용인이 그렇고, 제1세계를 사는 사람들에 비해 제3세계를 사는 사람들이 그렇게 어린아이의 모습일 수 있습니다. 다수에 비해 적은 무리, 즉 소수자들 역시 이런 고통의 주인공일 수 있습니다. 세상은 온통 고통받는 어린이들로 가득합니다. 그리고 그들은 하나같이 그들의 어른들이 펼치는 온갖 종류의 세상 모험 가운데 상처받고 상심하여 고통과 좌절을 경험합니다. 영국의 청교도 혁명을 선도했던 존 핌_John Pym_은 찰스 1세와의 운명적인 전투를 앞두고 했던 유명한 연설 '모든 영국인의 울음'_the Cry of All England_에서 이렇게 말했습니다. "나라가 겪는 고통과 공포와 곤혹은 여기저기서 일어날 것입니다. 모두가 그 영향을 받을 것입니다. 그렇게 여러분은 모든 이들의 신음소리와 모든 이들의 비참한 눈물을 보게 될 것입니다." 세상 힘을 가진 어른들이 벌이는 갈등과 대립으로 고통 받는 것은 특정한 연령과 계층과 성별과 인종을 포괄하는 모든 어린이들입니다. 모든 종류의 제각각 어린 사람들은 오늘 그들에게 어른이라 불리는 사람들이 벌이는 온갖 일들로 고통당합니다. 그것에는 예외가 없습니다. 헤르만 헤세Hermann Hesse가 말하는 기성 질서와 힘의 구조, 그 "수레바퀴 밑에서"Unterm Rad 고통 받고 신음하는 젊은이가 누구랄 것 없이 모두일 수 있듯이 이 세상을 상대적으로 어린 사람으로 살아가는 이들은 모두 보드룸 해안가의 알란이 경험한 외면과 고통의 주인공일 수 있습니다. 이 세상을 살아가는 모든 어린 사람들은 아프고 슬픕니다. 그들에게는 안아줄 누군가, 품어줄 누군가, 함께 울어주며 위로해줄 누군가가 절실합니다.

05

하나님께서는 이 땅 어린이, '알란'의 슬픔을 굽어 살피십니다. 하나님의 위로와 격려 그리고 동행은 그들의 고통스럽고 슬픈 삶이 시작되기도 전에 이루어졌습니다. 하나님께서는 아직 태어나지도 않아 고난스러운 행진을 시작하지도 않은 어린이, 예수님을 품은 마리아에게 천사 가브리엘을 보내시고 평안의 인사 가운데 위로하며 축복하셨습니다. "은혜를 받은 자

여 평안할지어다 주께서 너와 함께 하시도다"눅 1:28. 가브리엘은 마리아에게 이렇게 말합니다. "마리아여 무서워하지 말라 네가 하나님께 은혜를 입었느니라"눅 1:30 하나님께서는 이 땅에서 어린이로, 어린 사람으로, 어린양의 모습으로 살아가는 일이 힘들고 어렵고 고통스러워 슬픔 뿐일지라도 그 삶은 시작되어야 하고 그 삶은 하나님의 거룩하신 뜻 안에 성취되어야 한다고 말씀하십니다. 그러니 세례요한의 어머니 엘리사벳이 어머니 마리아에게 외친 축복의 한 마디, "여자 중에 네가 복이 있으며 네 태중의 아이도 복이 있도다"라는 말은 의미가 깊은 것입니다눅 1:42. 뱃속의 아이가 받을 고난과 슬픔의 삶이 제아무리 크고 깊더라도 그의 탄생과 세상 가운데 어린이로서의 삶은 은혜이며 복입니다. 그 아이의 고난과 아픔이 크고 슬픔이 깊어 죽음의 그늘이 강력할수록 세상을 향한 하나님의 은혜의 때와 구원의 때는 가까워지기 때문입니다. 하나님의 위로는 이 고난스러운 세상 가운데 그들을 격리하려는 위로가 아닙니다. 하나님의 위로는 어린이들이 경험할 모든 종류의 고난과 고통, 그 깊은 슬픔을 미리 아는 위로입니다. 세상의 어떠함에도 불구하고 이 땅에서 어린이들은 꾸준히 일어나야 하고, 세상의 어떠함에도 불구하고 자기 아이들을 일으켜 세우는 어머니들의 헌신은 계속되어야 하는 것입니다. 어머니 마리아 역시 하나님의 그 뜻을 알고 이렇게 고백합니다. "주의 여종이오니 말씀대로 내게 이루어지이다"눅 1:38. 여기, 위로의 노래가 있습니다. 에드워드 엘가Edward Elgar의 세 가지 모테트 가운데 첫 번째와 두 번째 노래는 어린 아이의 모습으로 세상에 오신 예수님에 대한 찬가이며 그 어머니 마리아에 대한 위로의 노래입니다. 이 땅 가운데 어린 모습으로 두려움 가운데 선 모든 어린이들, 그리고 그들의 어머니들에게 하나님의 위로과 동행이 함께 하시기를 바랍니다.

세 번째 기도
어머니들의 눈물

Mozart, Wolfgang Amadeus
"Ave Verum Corpus", K.618.

Wolfgang Amadeus Mozart

"Ave Verum Corpus", K.618.

01

"...그 때까지 내 아들의 유해라도 찾을 수 있기를 바라요."

1999년 코소보 전쟁 중 세르비아계 경찰에게 끌려간 아들이 실종된 이래, 어머니는 매일같이 아들의 빈 무덤에 나와 아들의 유해라도 돌아오기를 기다리며 자리를 지키고 있습니다. 23년을 변함없이 아들을 기다리는 어머니의 이름은 네스레테 쿰노바Nesrete Kumnova, 실종되어 돌아오지 않는 아들의 이름은 알비온 쿰노바Albion Kumnova입니다. 코소보에 내전이 한창이던 1999년 3월, 나토군이 유고슬라비아 군에 공중폭격을 감행하고서 한 주일이 지난 어느 날, 세르비아계 경찰은 코소보의 자코비차Gjakovë에 있던 네스레테의 집에 들이닥쳤습니다. 그리고 알비온과 그의 사촌 그리고 네스레테의 사위 등 다섯 명의 젊은이를 끌고 갔습니다. 젊은이들은 모두 평범한 시민들이었습니다. 그러나 세르비아계 경찰들은 어떤 이유도 없이 다섯 명의 젊은이들을 무조건 포박한 채 차에 태워 알 수 없는 곳으로 끌고 갔습니다. 이후 알비온의 어머니 네스레테는 사방으로 아들을 찾아 나섰습니다. 끌려갔던 젊은이들 가운데 생존자들은 하나 둘 고향으로 돌아왔습니다. 그러나 알비온은 아직 소식이 없었습니다. 그렇게 2년이 흘러 그녀가 자코비치 내무 청사를 찾았을 때, 그녀와 알고 지내던 세르비아계 여인 한

명이 그녀에게 이렇게 말했습니다. "지난 2년을 찾아도 아들이 돌아오지 못하고 있다면, 아들이 어디로 갔을지 예상이 되지 않으시나요?" 네스레테는 그 여인의 한 마디 말에 그 자리에서 주저앉고 말았습니다. 그녀의 말은 네스레테의 아들이 학살의 대상이 되어 어딘가에 집단으로 매장이 되어 있으리라는 말이었습니다. 그러나 그녀는 아들을 찾는 일을 멈출 수 없었습니다. 설사 아들이 학살되었더라도 그녀는 아들의 그 주검 조각이라도 찾아야 하리라 마음먹었습니다. 그렇게 다시 20년 세월이 흘러 네스레테는 아들의 가묘를 만들어 두었습니다. 어디선가 혹시 아들의 작은 유해 조각이라도 발견된다면 여기 자신이 만들어 둔 무덤에 묻어주고 싶은 마음입니다.

02

보고에 의하면 전 세계에서 매년 1백만 명이 넘는 자녀들이 실종되어 어머니들의 마음을 애타게 하고 있습니다. 1998년 2월부터 1999년 6월까지 벌어진 코소보 내전에서 실종되어 아직 생사를 알지 못하는 사람들의 숫자는 약 1천6백 명가량 된다고 합니다. 말하자면 1천 6백 명의 어머니들은 그들의 아들이나 딸이 내전 중에 끌려가거나 실종된 후 아직 살아있는지

죽어있는지를 알지 못하고 있다는 것입니다. 이런 일은 세계 곳곳에 있습니다. 아르헨티나에는 독재정권 시절 정치적인 문제로 실종된 사람들의 숫자가 3만 명이 넘는다고 합니다. 1975년부터 1990년까지 벌어진 레바논의 전쟁에서 실종된 사람들의 수는 1만 7천 명에 달합니다. 최근 벌어진 리비아의 내전 상황에서도 1만 명이 넘는 사람들이 실종되었고 아직도 생사가 불분명합니다. 이 모든 실종의 현실 뒤에는 어머니들의 눈물이 있습니다. 그래서 정치적으로 불안한 역사를 가지고 있고 내전이나 전쟁을 겪는 곳에는 항상 '실종자 어머니들의 모임'이 있게 마련입니다. 코소보의 실종자 알비온의 어머니 네스레테 역시 실종자들의 모임, 특히 실종자 어머니들 기도모임의 리더입니다. 어린 사람들의 고통과 죽음 뒤에는 항상 어머니들의 눈물이 있습니다. 그 어머니들은 차라리 주검이라도 혹은 그 주검의 일부라도 자신들의 품으로 돌아오기를 바라고 있습니다. 그렇게 지금도 아들과 딸의 귀환을 기다리며 세계 곳곳에 탄원의 편지를 띄우는 가운데 눈물로 기다림의 시간을 메우고 있습니다. 1976년 아르헨티나 군사 독재 시절 젊은 아들 네스터Néstor를 잃어버린 어머니 아주세나 빌라프로르Azucena Villaflor는 아들이 돌아오는 것을 보지 못한 채 눈을 감기 전 이렇게 말했습니다. "얼마 전 성당 앞에 조각된 피에타를 본 적이 있어요. 그때 나는 성모 마리아에게 이렇게 말했습니

다. "마리아여, 당신은 복이 있어 죽은 아들의 시신이라도 품고 있군요. 나는 그렇지 못하답니다. 성모 마리아여, 나의 아들을 보내주세요. 나도 당신처럼 죽은 아들이라도 품게 해 주세요."

03

어머니들의 슬픔은 허상이 아닙니다. 어머니들의 슬픔은 자식이라는 구체적인 실체 앞에서 자신의 체액을 끄집어 눈물방울로 흘려내는 절박한 공감입니다. 어머니의 눈물, 그것은 언제나 어디서나 사랑하는 자식이 직면하고 있는 고통과 비극들에 대한 공감으로 흘러나오는 지극한 애통의 마음입니다. 어머니의 눈물은 그래서 더할 것도 없고 덜한 것도 없는 담백한 눈물 그 자체입니다. 어머니의 눈물은 지금 자식이 살아가는 그대로의 모습으로부터 울려오는 모든 고통과 슬픔을 공감하며 동행하는 가운데 흐르는 눈물입니다. 그래서 어머니들은 자식의 현실과 문제를 직면하기를 두려워하지 않고 그 모든 아픔과 고통 그리고 슬픔을 끌어안은 채 고통을 함께 하고 자식보다 더한 애통으로 자식이 직면한 슬픔을 대면합니다. 이런 모습은 러시아의 소설가 막심 고리끼Maxim Gorky의 소설 『어머니』*The Mother*에 잘 나타나 있습니다. 소설 속 어머니 닐로브나는 아들 빠벨이 살아가는 모든 순간에 함께 합니다. 그는 아들이 나아가는 길 내내 기도와 눈물, 격려와 동행으로 함께 합니다. 닐로브나는 아들 빠벨 역시 아버지와 비슷하게 술주정뱅이 삶을 살아가는 것을 보고 눈물을 흘리며 아들을 위해 기도합니다. 그런데 어느 순간 아들이 그 자리에서 일어나 세상 가운데로 나가 세상을 이기는 길을 걷기 시작하자 이번에는 아들을 걱정하는 마음으로 기도합니다. 어머니 닐로브나는 아들의 아슬아슬한 행보를 걱정하고 두려워합니다. 그때마다 닐로브나는 아들을 위해 기도합니다. 그리고 마침내, 아들이 자기 확신으로 세상과 싸울 힘을 얻었을 때, 어머니 닐로브나는 아들과 길을 함께하며 아들의 든든한 지원자요 동료로 아들의 길을 함께 합니다. 어머니들의 눈물은 자식이 인생길을 걷는 내내 꾸준한 동반자입니다. 그런데, 어머니의 눈물은 아들과 딸의 인생길에서 수동적인 보조자의 역할에 머물지 않습니다. 어머니의 눈물은 자식의 비틀어진 길을 바르게 하는 채찍이고, 넘어서지 못하는 장벽의 안내자이며, 질고의 순간에 든든한 품이고, 승리의 순간 누구보다 기뻐하는 동료입니다.

04

우리는 허상이 아닌 현실의 눈물, 그 실체를 예수님의 어머니 마리아에게서 봅니다. 예수님의 어머니 마리아는 평생을 두려움과 사랑, 근심과 염려, 그리고 신실한 헌신의 동반으로 아들 예수의 길에 동행했습니다. 그리고 그 모든 동행의 세월을 눈물의 기도로 함께했습니다. 어머니 마리아는 아들 예수의 탄생에서 아들의 위대함에 비교되는 자신의 비천함을 경험했습니다. 그리고 두렵고 떨리는 마음으로 아들 예수를 품었습니다. 마리아는 아들 예수를 품에 안는 과정에서 이렇게 말했습니다. "주의 여종이오니 말씀대로 내게 이루어지이다"눅 1:38. 마리아는 하늘로부터 주어진 아들 예수를 품고 키우고 그의 어머니가 되는 일을 기꺼이 받아들였습니다. 그렇게 세월이 흐르고 어느 날, 아들 예수는 스스로 세상을 이기고 세상을 새롭게 하며 세상 모든 사람을 하나님 구원의 자리로 인도하는 사명을 위해 부름 받았음을 선언했습니다. 그때 어머니 마리아는 아들을 걱정했습니다. 아들이 하고자 하는 일이 거칠고 힘든 여정이라는 것을 어머니 마리아는 알았습니다. 그래서 걱정스러운 마음에 한 번은 동생들을 형 예수의 사역의 자리로 보내기도 했습니다마 12:46~47. 아들 예수가 사역하며 십자가의 자리로 나아가는 내내 어머니 마리아는 언제나 아들을 지켜보고 아들을 걱정했습니다. 그리고 아들을 위해 눈물로 기도했습니다. 마침내 아들 예수가 예루살렘에서 체포되고 십자가에 처형되던 날, 어머니 마리아는 아들을 그 고난의 자리에서 마주합니다요 19:25. 어머니 마리아는 그 자리에서 세상 그 어떤 것과도 비교할 수 없는 큰 비탄에 젖습니다. 그러나 어머니 마리아는 그저 십자가에 달린 아들을 바라보기만 합니다. 그리고 아들의 마지막 사역을 위해 아들이 마지막 숨을 거두는 순간까지 눈물을 흘리며 기도합니다. 어머니 마리아는 아들 예수의 평생 사역의 길에서 두려워 눈물이 나던 날에도, 걱정으로 눈물 흘리며 밤을 새우던 날에도, 애통으로 눈물 흘리던 그 순간에도 언제나 함께했습니다. 어머니 마리아는 아들의 그 모든 지극한 현실을 눈물로 신실하게 동행했습니다.

05

어머니 마리아의 평생의 눈물은 아들 예수의 성육신 탄생과 갈릴리 사역 그리고 십자가의 길 내내 이어졌습니다. 어머니 마리아의 눈물의 동행은 그렇게 아들에게 주어진 하늘의 고귀한 사역이 완성되는 데 귀중한 동반자였습니다. 어머니의 슬픔의 눈물은 아들과 딸의 삶을 선도합니다. 어머니의 슬픔의 눈물은 '네스테레 쿰노바'의 눈물처럼 귀향하지 못하고 떠도는 주검조차 돌아오게 하는 등대와 같은 것입니다. 어머니의 슬픔의 눈물은 모든 자식의 방황에 길이 되고, 모든 자식들의

The Pietà, 1498–1499
Michelangelo

주저함에 용기가 됩니다. 모든 자식의 두려움에 힘이 되는 것이 바로 어머니의 눈물입니다. 어머니의 눈물과 기도로 수많은 자녀는 지금도 귀향을 서두르고, 인생의 바른길을 되찾고 있으며, 기운 빠진 하루를 다시 살아갈 힘을 얻습니다. 어머니의 눈물과 기도는 오늘 이 땅에서 신앙의 길을 가는 우리에게도 지혜의 안내자입니다. 오늘 무수히 많은 교회가 서로 갈등하며 불필요한 것들로 싸우고 있을 때, 신앙의 어머니들은 골방과 기도실에서 눈물로 기도합니다. 오늘 무수히 많은 신앙의 자녀들이 그 진리의 빛을 잃고 방황하여 허망한 곳으로 빠져갈 때, 신앙의 어머니들은 탕자들의 귀환을 위해 간절히 기도합니다. 신앙의 어머니들의 탄식과 눈물의 기도 소리는 오늘 우리 교회와 가정의 골방과 뒷방에서 비탄 섞인 기침소리와 구별되지 않은 채로 잔잔히 울려퍼집니다. 육신을 입고 온 아들, 그 아들의 헌신과 사역, 그 아들의 고난과 고통, 그 아들의 죽음, 그리고 그 죽음과 부활로 이룬 승리의 모든 순간을 함께 한 마리아의 눈물의 동행은 오늘 우리 어머니들의 눈물 가득한 기도로 계속 이어집니다. 여기 모차르트Wolfgang Amadeus Mozart의 음악, '육신을 입고 오신 예수'*Ave Verum Corpus*를 묵상하듯 들어 보시기 바랍니다. 죽은 아들, 그렇게 죽어 세상 구원의 사명을 승리로 이끈 아들의 죽음을 끌어안고 조용히 눈물을 흘리는 어머니 마리아의 모습을 묵상해 보시기 바랍니다. 그리고 오늘 자녀들을 위해 눈물과 기도로 동행하는 우리 어머니들의 여전히 슬픈 기도 제목들을 살피시기 바랍니다.

네 번째 기도
하늘 아버지의 눈물

Franz Joseph Haydn
'The seven last words of Christ
on the cross', op.51,
"Intermezzo"

Franz Joseph Haydn

'The seven last words of Christ on the cross', op.51, "Intermezzo"

01

  아버지의 슬픔은 감추어진 슬픔, 보이지 않는 슬픔입니다. 아버지의 눈물은 어머니의 눈물처럼 보이는 슬픔이 아닙니다. 아버지의 슬픔은 어머니의 것과는 달라서 홀로 조용히 삭이는 슬픔입니다. 2022년 2월의 마지막 날들에 동유럽 우크라이나에서는 전쟁이 발발했습니다. 많은 군인들과 민간인들이 다치고 죽었습니다. 많은 젊은이가 전쟁의 광포함 가운데 허망하게 죽어갔습니다. 그리고 많은 아버지가 아들들과 딸들의 죽음을 직면했습니다. 그 가운데 우리의 눈을 주목하게 만드는 슬픈 장면이 하나 있었습니다. 우크라이나의 한 아버지가 열여섯 살 된 아들의 주검을 끌어안고 있는 모습이었습니다. 아버지 세히르Sehir는 아들 일리야Illiya가 러시아군의 폭격으로 다쳐 병원으로 갔다는 소식을 들었습니다. 아버지는 한달음에 아들에게 갔습니다. 아들은 수술을 받고 있었습니다. 아버지는 건강한 아들 일리야에게 아무 일도 없을 것이라 생각했습니다. 그러나 아버지의 기대와는 달리 일리야는 수술 중에 숨을 거두고 말았습니다. 의료진들은 안타까운 마음을 품고 수술실을 나와 아버지에게 아들의 죽음을 알렸습니다. 이야기를 들은 아버지 세헤르는 아무 말 없이 수술실 안으로 들어갔습니다. 그리고 조용히 고개를 숙여 아들의 시신을 바라보다 아들의 머리를 품에 안았습니다. "잘가라, 아들, 내 아들로 와주어서 고마웠다. 아쉽겠지만 이제 편히 쉬거라." 아버지 세히르는 어떤 말도 하지 않고 묵묵히 아들을 보냈습니다. 열여섯 살 된 아들을 먼저 보낸 아버지의 슬픔은 그 어떤 것과도 비교할 수 없는 것입니다. 아버지에게 아들을 잃는다는 것은 세상 모든 것을 잃는 것이나 다름없습니다. 그렇게 가장 슬픈 현실 가운데서 아버지는 북받치는 슬픔을 내리 누르고 숨을 고릅니다. 감당할 수 없으리만치 쏟아지는 슬픔을 날숨으로 내뱉지 않습니다. 아버지는 그 모든 비탄을 들숨 가운데 속으로 풀어냅니다. 아버지는 홀로 슬픔의 시간을 보내고 그리고 홀로 눈물을 흘립니다. 그것이 바로 아버지의 슬픔이며 아버지의 눈물입니다.

02

아버지가 고통과 슬픔을 삭이는 방법은 마치 영화 '인생은 아름다워'*La vita è bella*에서 귀도 오레피체Guido Orefice가 보여준 모습과 같습니다. 아버지 귀도는 그가 겪는 그 모든 아픔과 슬픔을 스스로 삭이면서 아들에게 자신의 아픔이나 슬픔, 심지어 죽음의 고통마저 보이지 않으려 애씁니다. 아버지의 슬픔이 더욱 잘 드러난 것은 아마도 호메로스Homeros의 『일리아드』

*Iliad*에 등장하는 프리아모스Priamos의 이야기일 것입니다. 트로이의 왕이었던 프리아모스는 아들 헥토르Hector가 아킬레우스Achilleus와의 이길 수 없는 싸움을 위해 나서는 것을 묵묵히 바라보았습니다. 아들 헥토르가 결국 잔인한 아킬레우스의 칼과 창에 무참히 죽임을 당하는 것 역시 지켜보기만 했습니다. 무엇보다 아버지 프리아모스는 아킬레우스가 아들 헥토르의 시신을 전차 밧줄에 묶어 끌고 다니는 모습을 담담하게 지켜보았습니다. 그렇게 트로이의 왕 프리아모스, 헥토르의 아버지 프리아모스는 아들의 처절한 죽음과 아들의 시신이 흙먼지 가운데 뒹구는 처참함을 묵묵히 지켜만 보았습니다. 그날 밤 프리아모스는 조용히 성을 빠져나갔습니다. 그리고 비밀스러운 길을 통해 아킬레우스에게 갔습니다. 아킬레우스에게 도착한 프리아모스는 이제껏 지켜온 침묵의 슬픔을 걷어냅니다. 그는 이제 자기 아들 헥토르를 죽인 "인간 같지 않은 짐승" 앞에 무릎 꿇고 눈물을 내보이며 말합니다. "신과 같은 아킬레스여, 그대의 아버지를 생각하시오…헥토르가 돌봐주는 이 없이 막사 사이에 누워있는 한 나더러 자리에 앉으라고 하시마시고 되도록 빨리 그를 돌려주시어 내 눈으로 그를 보게 해 주시오." 프리아모스에게 아들을 잃은 슬픔은 온통 감추어진 슬픔이지만, 동시에 아들의 시신을 되찾기 위해서라면 자신의 영혼이라도 내놓을 것 같은 거침없는 슬픔이기도 합니다. 아버지는 아들

의 고통과 아들의 아픔의 모든 순간에 침묵하며 묵묵히 그것을 지켜봅니다. 그러나 아버지의 슬픔은 동시에 성찰하는 슬픔이기도 합니다. 아버지는 슬픔의 현실과 맥락을 바라봅니다. 그리고 그 모든 슬픔이 결국에 나아가야할 길을 엽니다.

03

시인 이채는 '아버지의 눈물'이라는 시에서 이렇게 말합니다. "그래서 아버지는 혼자서 운다. 아무도 몰래 혼자서 운다. 하늘만 알고 아버지만 아는..." 김현승 시인 역시 아버지의 눈물에 대해 이렇게 노래했습니다. "아버지의 눈에는 눈물이 보이지 않으나 아버지가 마시는 술에는 항상 보이지 않는 눈물이 절반이다." 아버지들은 자녀의 아픔과 고통 그리고 죽음의 현실 내내 고개를 떨어뜨린 채 두 손만 만지작거립니다. 아버지들은 오직 하늘 하나님과만 대화하려는 듯 원망어린 눈으로 하늘만 쳐다봅니다. 아버지들의 슬픔은 그들이 들이마시는 한숨에서 그 깊이가 드러나고, 그들이 들이키는 눈물에서 그 크기가 드러납니다. 그러니 아버지의 슬픔과 아버지의 눈물에는 오직 하늘만 아는 깊이가 있습니다. 그러나 아버지의 슬픔은 가장 감추어져 있으면서도 가장 움직임의 폭이 큰 슬픔이기도 합니다. 아버지의 슬픔은 모두가 비탄에 잠겨 있을 때 그 애통을 이끄는 슬픔입니다. 탄식의 순간, 모두가 자기 슬픔에 빠져 있고 모두가 자기 비탄에 집중하고 있을 때 아버지들은 그 슬픔이 방향이 있게 하고, 그 슬픔이 의미가 있게 하는 힘이 있습니다. 어머니 사라를 잃은 외아들 이삭이 어미를 잃은 슬픔에서 헤어 나오지 못할 때, 아버지 아브라함은 아내 사라의 애통한 죽음을 그리고 아들 이삭과 가족의 슬픔을 이끌었습니다. 아브라함은 큰 슬픔 가운데에도 자기의 비애를 드러내지 않고 아내 사라의 장래를 주도하여 완수했고, 어머니를 잃고 외로워하는 아들 이삭에게 어울리는 짝을 지어주는 노력을 이어갔습니다. 그 모든 과정에서 아브라함은 스스로의 슬픔에 침묵했습니다. 아브라함의 모습은 아버지의 슬픔이 숨겨져 있고 드러나지 않으며 스스로 삭이는 이유를 잘 보여줍니다. 세상의 모든 아버지는 슬픔의 정황을 주도합니다. 슬픔에 맥락이 있게 하고 흐름이 있게 하여 그 슬픔이 덧없는 슬픔, 의미 없는 눈물 뿌리기로 끝나지 않도록 합니다. 그렇게 아버지의 슬픔은 거리가 있는 듯 모든 것을 이끄는 슬픔입니다.

04

하나님께서는 아들 예수님을 기뻐하셨습니다. 하나님께서는 인간이 된 당신의 아들이 세례를 받고 메시아로서의 사역을 시작할 때 "내가 너를 기뻐하노라" 말씀하시며 아들의 헌신을 즐거워하셨습니다눅 3:22. 하나님께서는 아들 예수님께서 세상을 하나님께로 되돌리고 세상 모든 피조물과 인간을 하나님의 구원의 은혜 가운데로 인도하는 사역에 스스로 나서는 모습을 보며 큰 기쁨을 누리셨습니다. 그런데 그런 하나님께서 아들의 고난과 고통, 비참한 죽음 앞에서는 침묵하시고 마치 그 자리에 계시지 않는 듯 아무 말도, 아무 행동도 하지 않으셨습니다. 하나님께서는 아들 예수님께서 체포되어 가야바 법정으로 끌려가실 때, 그리고 그 제사장의 법정과 빌라도의 법정에서 혹독한 고문으로 온 몸이 망가져갈 때 온통 침묵으로 일관하셨습니다. 심지어 하늘 아버지 하나님은 아들 예수님이 십자가형을 선고받고 십자가를 지고 골고다로 가는 여정 내내, 그리고 십자가에 달려 죽어가는 시간에도 아무런 말씀을 하지 않으셨습니다. 예수님께서 고난당하시고 죽임 당하시는 시간 내내 하나님은 침묵하는 하나님, 침묵하는 아버지셨습니다. 예수님께서는 그런 하늘 아버지를 향해 외치셨습니다. "아버지여, 아버지여, 어찌하여 나를 버리셨나이까?"막 15:34 아들 예수님께서는 시편 43편의 말씀에 기대어 하늘 아버지를 향해 호소했습니다. 그러나 하늘 아버지 하나님께서는 아들의 고통스러운 죽음 내내 그 어떤 반응도 보이지 않고 침묵으로 일관하셨습니다. 사실, 하늘 하나님은 그 순간 세상 그 어떤 존재보다 아들의 죽음을 슬퍼하셨습니다. 그러나 하늘 하나님께서는 그 모든 탄식할만한 상황에서도 아들의 죽음과 그 죽음이 몰고 오는 슬픔이 하나의 맥락이 되어 다음 단락으로 이어져야 한다는 것을 잘 알고 계셨습니다. 하나님의 침묵 가득한 슬픔은 바로 이런 '아버지의 맥락'에서 이해되어야 합니다. 하늘 아버지 하나님께서는 지금 아들의 고결한 사역이 온전히 성취되기를 간절히 바라며, 마지막 성취의 순간까지 침묵하고 계신 것입니다. 하나님께서는 아들 예수님의 구원사역의 맥락을 이끌고 계십니다.

05

아버지의 침묵, 슬픔이 가득한 침묵은 우리가 주목할 모습입니다. 아버지의 침묵어린 슬픔은 슬픔의 현실에 대한 아버지다운 대응이며 슬픔의 미래에 대한 암묵적인 행동의 준비입니다. 하이든Franz Joseph Haydn은 그의 고난주간 예배곡 '십자가 위 예수님의 일곱 말씀' *The Seven Last Words of Jesus On the Cross*, 가상칠언을 예수님께서 하신 말씀 그대로 일곱 개의 소나타로 완성하고서 후에 전주Prelude와 후주Postlude 그리고 중간 간주Intermezzo를 삽입했습니다. 특히 그가 삽입한 중간 간주는 예수님께서 말씀하신 네 번째 말씀, "나의 하나님, 나의 하나님, 어

찌하여 나를 버리셨나이까"마 27:46, 막 15:34 후에 삽입되어 하나님의 아버지로서의 마음을 담고 있다는 평가를 받습니다. 하이든은 이 삽입곡에서 극단적인 비탄의 마음을 담아냈습니다. 하늘에서 아들의 죽음을 굽어보고 있는 아버지 하나님은 지금 극단적인 아픔과 슬픔을 경험하고 있습니다. 그러나 하이든은 그 아버지가 아들의 죽음에 대해 침묵했다는 것을 성찰하고 그것을 중간 음악에 잘 담아냈습니다. 하이든의 소나타들 사이에 삽입된 중간 간주는 그래서 극도로 슬픈 분위기로, 그리고 장중하게 아들의 죽음을 지켜보는 하나님의 마음을 잘 표현하고 있습니다. 곡속에서 하나님은 절제된, 아니 거의 침묵하여 아무런 표현도 하지 않는 모습, 슬픔을 거의 드러내지 않는 모습으로 진중하게 드러납니다. 하나님께서는 지금 슬프지만 슬픔을 표현하지 않으십니다. 아들 예수님의 존귀한 행보가 하나님의 슬픔을 침묵시키기 때문입니다. 중간 중간 터져 나오는 십자가에 달린 아들의 외마디에 하늘 아버지는 반응하고 싶습니다. 그러나 애써 그것을 참습니다. 그렇게 해야 함께 도모하는 위대한 뜻, 아들의 죽음으로 이루는 세상의 구원이 실현될 것이기 때문입니다. 오늘 우리 시대 아버지들의 침묵 어린 슬픔도 이런 맥락 가운데 있습니다. 우리는 아버지들이 침묵 가운데 흘리는 마음의 눈물을 살펴야 합니다. 그리고 그 침묵이 일구는 우리 모두의 회복, 우리 모두의 미래를 바라보아야 합니다. 이것이야 말로 아버지들이 침묵 가운데 삭이는 눈물의 의미입니다.

다섯 번째 기도
우리의 슬픔

Gregorio Allegri
"Miserere Mei, Deus"(Psalm 51)

Gregorio Allegri

"Miserere Mei, Deus"(Psalm 51)

01

우리 자신의 삶에 대한 진솔한 자기 평가는 생각보다 부정적입니다. 2018년 워싱턴 포스트Washington Post의 보도에 의하면 빠르게 발전하는 산업사회에서 사람들은 점점 자신을 평균이하의 존재로 여긴다고 합니다. 상담을 주로 하는 심리학자들은 빠르게 진보하는 현대사회에서 승진과 발전을 위해 무수히 많은 노력에도 불구하고 사람들은 자신이 점점 도태되고 있고 쓸모없는 존재가 되어간다고 생각한다고 합니다. 많은 사람이 스스로의 삶을 비참하다misery고 여기고 있습니다. 그런데 사람들은 자신이 비참하다고 여기면서도 자신의 비참함이 어떠한지에 대한 구체적인 진술은 잘 하지 못합니다. 비참하다고 여기지만 비참한 현실의 구체적인 모습은 잘 살피지 못하는 것, 이것이야말로 우리의 비참 목록의 우선순위일 것입니다. 빅토르 위고가 쓴 소설 『레 미제라블』*Les Miserables*은 이런 면에서 우리에게 자기의 비참함을 바라보게 하고 그것으로 무엇을 할 것인지에 관한 길을 안내해 줍니다. '레 미제라블'은 말 그대로 비참한 인간을 뜻합니다. 소설에 등장하는 주인공 장 발장Jean Valjean은 미리엘Charles-François-Bienvenu Myriel 주교와의 관계 속에서 자신의 비참한 현실을 깨닫습니다. 그는 자신의 비참함을 알게 되었고, 분노했고, 그리고 그 비참함에 대한 자기 연민에 빠져 지금껏의 인생을 살아왔음을 깨닫게 되었습니다. 그는 이후 평생에 걸쳐 자신의 비참함과 그 비참함이 만들어 낸 현실에 저항했습니다. 그리고 자신의 비참함이 만들어낸 그 모든 현실에 대해 속죄하듯 삶을 살았습니다. 그러나 그의 비참함은 생각보다 더 잔인했습니다. 장 발장이 고결해지려고 할수록 그의 생애에 걸쳐 드리운 비참함의 그림자는 더욱 그를 옥죄었습니다. 그럴수록에 그는 더욱 그것을 극복하려 애썼습니다. 마침내 그가 참된 고결함 가운데 나아갈 수 있게 되었을 때, 그렇게 비참함에 저항해온 인생이 끝나는 순간, 그는 이렇게 말합니다. "현실이 마음에 안 든다고 해서…그게 하나님에 대해서 부당해야 할 이유는 안 되지요."

02

우리 삶은 참으로 부조리하고 비참하여 슬픕니다. 우리는 애써 우리의 비참한 현실을 외면하여 우리의 상태가 비참한 상태가 아닌 행복한 상태라고 자위하지만, 실상을 조금만 더 깊이 들여다보면 우리의 비참함은 쉽게 그 처절함을 드러냅니다. 그래서 작가인 제임스 가필드James A. Garfield는 이렇게 말했습니다. "진리는 당신을 자유하게 할 것입니다. 그러나 먼저 진리는 당신의 비참함부터 드러낼 것입니다." 그렇습니다. 우리는 인생의 진리라는 빛에 가까이 다가갈수록 우리 자신이 얼마나 비참한 존재인지를 발견하고 깨닫게 됩니다. 인생의 비참한 현실에서 예외란 있을 수 없습니다. 아무리 위대한 존재라도, 아무리 훌륭한 위인이어도 인생의 비참함이라는 조건적 현실로부터 자유하지 않습니다. 세상 모든 것을 정복하고 세상 모든 것을 재창조한 신으로 대접받는 알렉산더 대왕 Alexander the Great 조차 어느 날 이렇게 말했습니다. "나야말로 가장 비참하여 저주받은 존재가 아닌가. 어째서 나는 다른 모든 것 가운데 수영하는 법은 배우지 못했다는 말인가?" 우리는 우리의 비참함을 역전시키는 인생을 구상합니다. 그러나 인생의 비참함은 나아지지 않습니다. 인생의 비참함은 맨살에 찍힌 낙인처럼 평생에 던져진 모든 현실에서 우리 스스로를 비극적 존재로 자각하게 합니다. 그래서인가요. 미국 대통령 리처드 닉슨 같은 유명인들을 인터뷰한 경험이 많은 언론인 데이빗 프로스트 David Frost는 한 번 이런 흥미로운 레토릭 rhetoric을 즐겼습니다. "우리는 인생의 진보를 위해 극적인 전환점을 찾습니다. 그래서 우리는 '우울하고 비참한 삶'을 '비참하고 우울한 삶'으로 바꿉니다." 무수한 노력에도 우리의 비참함이 개선되지 않는 것은 참으로 역설적입니다. 우리는 어느 순간 우리의 개선의 노력이 쳇바퀴를 돌리는 것 같다는 느낌을 지울 수

없습니다. 이런 비극적 현실은 오스카 와일드Oscar Wilde의 동화 『행복한 왕자』The Happy Prince에서 높은 원주 기둥 위에 동상으로 서 있는 왕자의 한 마디 세상 관망평觀望評으로 요약됩니다. "그런데 무엇보다 놀라운 것은 고통 받고 있는 세상 사람들의 이야기란다. 그들의 비참한 불행만큼 더 불가사의한 것은 없을 것이야."

03

중요한 것은 인간의 삶의 비참함 그리고 비참함으로부터 주어지는 고통과 슬픔을 인정하는 것입니다. 그것을 인정하는 것에서 우리는 비참함과 비참함으로 인한 고통과 슬픔을 제거하지 않습니다. 『레 미제라블』의 '장 발장'Jean Valjean이 그렇게 했던 것처럼 우리의 비참함과 비참함으로부터 주어지는 슬픔을 모두 끌어안는 것으로부터 우리는 인생을 고결함으로 끌어올릴 수 있습니다. 예수님의 제자 가운데 으뜸으로 여겨지던 베드로는 자기 인생의 비참함을 깨닫지 못한 채 자기 가식으로 제자의 생활을 계속했던 사람이었습니다. 그는 예수님과 동행하는 내내 자신의 실존적 비참함을 깨닫지 못했습니다. 자신이 얼마나 처참한 존재인지에 대한 깨달음 없이 그는 꾸준히 스승인 예수님의 길을 동행하며 그 길과 어긋났습니다. 그는 큰 믿음의 소유자인 양 거친 갈릴리 바다에 뛰어들었지만, 곧 스스로 믿음 없는 비참한 사람이라는 사실을 드러내고 말았습니다. 또 그는 자신이 예수님의 정체를 가장 잘 안다는 듯 호기롭게 예수님이 하나님의 아들이며 구원자라고 대답했지만, 사실 그 진정한 의미조차 제대로 알지 못하여 결국 예수님께서 가시는 길을 가로막는 비참한 존재로 남았습니다. 마지막에도 베드로는 예수님 곁을 지키리라 담대하게 선언합니다. 그러나 그는 고문당하고 곧 처형될 것이 확실해 보이는 스승을 부인하는 비참함을 또다시 드러냈습니다. 베드로는 결국 자신이 얼마나 비참한 존재인지를 스승이 예견한 '닭 울음소리'를 통해 깨닫게 되었습니다. 그는 곧 자기 내면과 외면의 비참한 현실을 깨닫고 밖으로 나가 통곡했습니다마 26:75, 눅 22:61-62. 끊김 없이 찾아오는 자신의 비참함을 깨닫고 그것을 슬퍼할 줄 아는 것은 비참함으로 인한 고통, 그리고 슬픔으로부터 딛고 일어서 스스로를 고결함으로 나아가게 하는 지름길입니다. 우리 인생에서 비참함이 사라지지는 않습니다. 중요한 것은 비참한 현실을 깊이 있는 기도 가운데 고결함의 길로 이어가는 것입니다.

04

자기 비참함을 인정하는 것은 자기 약점을 감추고 강점만 살리는 처세술의 방편이 아닙니다. 자기 비참함을 살피고 그로 인한 고통과 슬픔의 현실이 있다는 것을 아는 것은 또한 더 깊은 우울증으로 내려앉는 것이 아닙니다. 벗어날 수 없는 비참함의 굴레를 인정하고 그 슬픔의 자리에 재를 깔고 앉아 구원의 자비를 구하는 일은 우리 삶의 전환, 우리 삶의 고양을 위한 온전한 길입니다. 예레미야는 혹시 소망이 있을까 하여 무너진 예루살렘의 잿더미 위에 앉아 그 재에 얼굴을 묻고 자신의 비참함과 비참함으로 인한 현실을 애도했습니다애 3:29. 다윗은 선지자 나단이 찾아와 자신과 밧세바가 저지른 죄를 물으며 꾸짖을 때, 자신과 밧세바 그리고 둘 사이에 태어난 아이의 비참한 현실을 직시했습니다. 그는 곧 홀로 방에 들어가 자신의 현실을 비참해 하며 하나님께 구원을 탄원하는 기도를 드렸습니다삼하 12:13-15, 시 6:6. 다윗은 그때 자신의 비참함과 그렇게 해서 구축한 티끌 같은 현실이 하나님의 진노를 유발한다는 것을 깨닫습니다. 그는 자신의 비참함이 만든 현실 앞에서 뼈가 떨리는 경험을 하며 하나님의 구원을 탄원합니다시 6:1~2. 그는 자신의 비참함을 붙들고 하나님께 이렇게 기도합니다. "무릇 나는 나의 죄과를 아오니 내 죄가 항상 내 앞에 있나이다"시 51:3. 다윗의 비참함 가운데 드리는 기도는 이렇게 이어집니다. "나를 주 앞에서 쫓아내지 마시며 주의 성령을 내게서 거두지 마소서 주의 구원의 즐거움을 내게 회복시켜 주시고 자원하는 심령을 주사 나를 붙드소서"시 51:11-12. 다윗은 자신의 비참함을 인식하고 그것을 끌어안은 채 그 현실로부터 자신을 구원하여 이끌어내실 하나님의 자비를 간구합니다. 이제 다윗의 기도는 우리의 기도입니다. 우리 역시 다윗만큼이나 비참한 존재입니다. 잠깐이라도 우리의 내면을 들여다보고 우리의 지나온 삶을 돌아보는 시간을 가져본다면, 우리에게도 다윗 못지않은 혹은 베드로 못지않은 비참함이 가득하다는 것을 깨닫게 됩니다.

05

그레고리오 알레그리Gregorio Allegri의 음악 "하나님, 나를 불쌍히 여기소서"Misere Mei, Deu, 시편 51편는 우리를 예수 그리스도의 십자가 앞으로 인도합니다. 이제 십자가 앞에서 우리는 알레그리의 음악에 기대어 우리의 비참함을 바라보고, 우리의 비참함으로 만들어진 우리의 고통스럽고 슬픈 현실을 바라봅니다. 그리고 기도합니다. 다윗의 시를 통해 그리고 베드로의 통곡하여 울던 그 모습에 기대어 우리는 우리 앞에 십

자가에 달린 예수님을 향해 우리의 구원을 탄원합니다. 그러나 우리의 기도는 미약하고 우리의 간절함은 부족합니다. 우리의 기도는 우리의 비참함과 우리의 슬픈 현실을 앞세운 '자베르'Javert, 레 미제라블에서 장발장의 죄를 끊임없이 추적하고 밝히려는 경찰 같은 존재, 우리를 시험하는 존재 앞에 무너지고 쓰러집니다. 어느 순간 우리는 이 비참한 현실에서 우리의 기도가 무슨 소용인가 자괴감을 품습니다. 그때 우리는 우리가 살아가는 비참의 현실을 조금 더 진중하게 들여다보아야 합니다. 우리는 우리의 어린이들을 고통스럽게 하고 우리의 어린 사람들을 슬픔 가운데 빠져들게 했습니다. 그래서 우리는 다윗이 밧세바와 사이에 낳은 아이를 위해 기도하듯, 우리가 만든 또 다른 비참함을 보며 다시 용기를 내어 기도해야 합니다. 그렇게 우리가 스스로의 비참함에 대해 진중하고 우리 비참함이 만든 지극한 현실에 대해 진술할 때, 우리는 우리 기도를 돕는 마음과 손길을 경험하게 됩니다. 우리의 어머니들이 바로 우리의 비참한 현실에서 우리의 기도를 돕는 분들입니다. 하늘 아버지께서도 우리가 품은 고양의 뜻을 온전히 성취하기를 바라시며 침묵 가운데 우리의 기도를 도우십니다. 십자가에 달리신 우리 주 예수 그리스도께서도 우리의 기도가 계속 이어지고 그렇게 우리가 하나님의 구원을 경험하기를 바라십니다. 우리의 어머니, 우리의 하늘 아버지 그리고 우리 주 예수 그리스도께서 우리의 비참함을 아십니다. 그들의 눈물로 돕는 기도가 우리를 비참함으로부터, 비참함의 현실로부터 우리를 구원합니다.

여섯 번째 기도
잊힌 자들의 눈물

Giacomo Puccini
"Crisantemi" SC.65

Giacomo Puccini

"Crisantemi" SC.65

01

르네상스 역사에서 이탈리아 피렌체의 메디치가the Medici의 이야기는 유명합니다. 이 가문은 13세기부터 17세기까지 피렌체를 기반으로 한 왕성한 금융 사업을 통해 유럽의 정치와 경제, 문화와 예술 전반에 걸쳐 막대한 영향력을 행사한 그야말로 대단한 가문이었습니다. 말 그대로 메디치가는 중세 유럽으로부터 근대 유럽으로 나아가는 관문과도 같은 가문이었습니다. 그런데 이 번창하는 가문에는 발견하기 어려운 슬픈 이야기도 있었습니다. 피에로Piero라 불리던 로렌조 2세 데 메디치Lorenzo II de Medici의 딸 카트린 드 메디시스Catherine de Médicis의 이야기입니다. 카트린은 현숙하고 총명한 여인이었습니다. 카트린은 가문의 명성에는 조금 못 미치지만 프랑스의 둘째 왕자 앙리와 결혼했습니다. 그런데 앙리는 형 프랑스와가 일찍 죽는 바람에 왕위를 계승해 앙리 2세Henri II가 되었습니다. 카트린도 졸지에 왕비가 되었습니다. 이제 그녀에게는 영광스런 행복만 있을 것 같았습니다. 그런데 거기서부터 그녀의 비극은 시작되었습니다. 당장 남편 앙리 2세가 마상 창 시합에서 사고로 사망하고 말았습니다. 비극은 거기서 그치지 않았습니다. 장남 프랑수와 2세François II가 즉위한 지 얼마 되지 않아 사망하더니, 다시 그의 동생인 열 살짜리 샤를 9세Charles IX도 왕이 되고 얼마 지나지않아 죽고 말았습니다. 다행히 그녀에게는 남은 아들이 하나 더 있었습니다. 그가 앙리3세Henri III입니다. 카트린은 비록 이 마지막 아들이 통치하던 시절 평안하게 생을 마감했지만, 그녀의 비극은 계속되었습니다. 앙리3세도 어머니 사후 7개월 만에 암살당하고 만 것입니다. 그렇게 카트린 드 메디시스의 남편과 아들들은 왕위에 앉은 채 차례로 죽고 카트린에게서 발루아 왕조는 종지부를 찍게 됩니다. 참으로 비극적인 여인입니다. 그녀에 대한 역사적인 평가는 따로 하더라도 그녀의 이 슬픈 이야기는 역사 아래로 숨어버렸습니다. 영광은 오히려 그녀의 조카뻘 되는 마리 드 메디시스Marie de Médicis에게 돌아갔습니다. 그녀에게서 그 유명한 루이 13세Louis XIII와 부르봉 왕가 그리고 루이 14Louis XIV세가 이어졌기 때문입니다.

02

잊힌 사람들의 이야기가 있습니다. 우리는 교회 역사에서 무수히 많은 교황들의 이야기를 알고 있습니다. 특히나 그들의 추문과 그들의 권력욕에 관련된 이야기들에 관심을 집중합니다. 그러나 우리는 교황 레오 1세Leo I가 주후 452년 파죽

지세로 유럽 본토를 짓밟고 있던 훈족의 아틸라Attila를 제지하고 그를 물러가게 했다는 이야기를 잘 알지 못합니다. 우리는 안토니오 메우치Antonio Meucci가 알렉산더 그레이엄 벨Alexander Graham Bell보다 무려 21년이나 앞선 1854년 전화기를 발명했다는 이야기도 잘 알지 못합니다. 이런 이야기들은 어떨까요. 우리가 알고 있는 쥐라기 시대 공룡들에 대한 지식의 상당부분은 알려지지 않은 여성 고고학자 메리 애닝Mary Anning의 공이 컸습니다. 그녀가 어렵게 발굴하고 분석한 이크티오사우루스Ichthyosaurus의 뼈들은 최초로 온전하게 발굴된 쥐라기 시대 공룡 화석으로 기록되었습니다. 우리가 쉽게 잊고 사는 사람들 중에는 캐서린 고블 존슨Katherine Coleman Goble Johnson도 있습니다. 흑인 수학자인 그녀는 탁월한 궤도 계산 능력으로 1960년대 미국이 소련과 경쟁적으로 벌이던 우주탐사 프로젝트에서 누구에게도 잘 알려지지 않은 중요한 공헌을 했습니다. 그녀 덕분에 우주비행사 존 글렌John H. Glenn Jr.은 무사히 제미니 우주선을 타고 지구 궤도를 돌고 귀환할 수 있었습니다. 그녀의 천재적인 계산 덕분에 닐 암스트롱Neil A. Armstrong과 같은 아폴로 계획의 우주인들을 그 어려운 달 궤도 탐사와 달 착륙 그리고 지구 귀환을 성공적으로 완수할 수 있었습니다. 우리는 아틸라와 알렉산더 벨, 영화 쥐라기 공원, 그리고 아폴로 11호 우주인은 기억할지 모르지만 이들 모든 '이면의 감추어진 존재

들'에 대해서는 잘 기억하지 못합니다. 이것은 마치 파트릭 모디아노Patrick Modiano의 소설 『네가 길을 잃어버리지 않게』Pour que tu ne te perdes pas dans le quartier에 등장하는 주인공 다라간처럼 잊지 않으리라 다짐하면서도 쉽게 잊어버리는 모습과 비슷합니다. 다라간에게 그의 기억을 되살려 주는 두 남녀가 존재하는 것처럼 우리에게도 우리의 잊기 쉬운 망각을 되돌려 주는 존재가 필요합니다. 묵상과 기도가 혹시 그 도움이 될지도 모릅니다.

03

잊힌 사람들의 이야기는 심지어 성경에도 존재합니다. 특별히 우리가 성경에서 주목할 잊힌 존재는 몇몇 가여운 여인들입니다. 성경은 모든 사람을 구원으로 인도하리라는 원래의 목적이 무색하리만치 그 안에 잊힌 사람들을 품고 있습니다. 야곱의 딸 디나는 그 가운데 가장 우선하여 잊힌 존재입니다. 우리는 성경에서 디나가 겪은 일을 잘 알고 있습니다. 그녀는 아버지와 형제들과 함께 가나안의 세겜으로 들어가 살았습니다. 그러나 거기서 그 땅의 추장 세겜에게 능욕을 당합니다. 성경이 다루는 이후 이야기는 슬프기 짝이 없습니다. 야곱은 딸이 몹쓸 짓을 당했다는 이야기를 듣고도 아들들이 돌아오기를 기다려 침묵합니다. 야곱의 아들들은 곧 세겜에게 보복을 가합니다. 그 모든 일가와 부족 사람들을 죽인 것입니다. 안타깝게도 성경은 가장 상처 받은 디나에 대해서는 어떤 이야기도 하지 않습니다. 그렇게 디나는 성경의 이야기에서 잊힌 존재입니다_{디나의 이야기를 여러분 스스로 성경 본문에서 찾아보기 바랍니다.} 이런 이야기는 사사기에도 등장합니다. 에브라임 땅에 사는 한 레위인에게 첩이 하나 있었습니다. 그 첩은 부정한 문제로 아버지의 집에 돌아가 있었는데, 레위인은 굳이 그런 여인을 다시 자기 집으로 데려가려고 무리한 여행을 감행했습니다. 그런데 그들이 여부스에서 머물고 있을 때 동네 사람들이 그녀를 강제로 끌고 가서 밤새 능욕하고 죽도록 내버려 두었습니다. 사람들이 무서워 자기 여자를 내주었던 레위인은 다음 날 문 앞에 쓰러져 죽어 있는 첩을 발견했습니다. 그는 일단 아무 말 없이 집으로 돌아가서 곧 그녀의 시신을 열두 조각으로 "찍어 쪼개어" 이스라엘 각 지파에게 보냈습니다. 여인의 조각난 시신을 본 열 두 지파는 기다렸다는 듯 군대를 동원해 베냐민 지파 남자들을 거의 모두 죽였습니다. 여기서도 우리는 성경이 여인에게 집중하지 않는다는 것을 보게 됩니다. 성경이 그렇게 무도해져 가는 남자들에게 집중하는 사이 능욕 당하고 죽어 시신마저 쪼개진 여인은 잊힌 존재가 되어버렸습니다_{레위인의 첩 이야기도 디나의 이야기처럼 여러분 스스로 성경 본문에서 찾아보기 바랍니다.}

04

우리는 잊힌 존재들의 슬픔을 돌아보아야 합니다. 그들은 그 어떤 자발적 의지도 없이 거절 당하고 희생되어 우리가 이루는 그 모든 화려한 역사의 뒤안길에 버려진 채로 잊혀졌습니다. 그러나 그들의 버림받은 몸과 마음, 그리고 희생은 조용히 그리고 잔잔하게 우리의 역사에 자양분이 되었고 그들의 보이지 않는 희생과 헌신으로 우리는 오늘과 내일을 바라볼 수 있게 됩니다. 사실 우리는 성경 한 귀퉁이에 이름으로만 등장하는 이들의 이야기를 굳이 끄집어 올리지 않습니다. 예수님의 제자 가운데 작은 야고보가 그렇고 가룟 유다를 대신해 제자의 자리를 기꺼이 맡은 맛디아의 이야기가 그렇습니다. 바울이 들렀을 가능성이 희박하다는 이유로 쉽게 망각하는 리쿠스 계곡 도시들의 에바브라와 아킵보 역시 마찬가지입니다. 더디오라는 사람은 그렇게 다른 잊힌 제자들과 사도들 사이에서 그나마 "내가 로마서를 썼다"라는 담대한 주장을 로마서 16장에 남기는 바람에 간신히 기억을 하게 되었습니다. 성경에 기록된 남자들의 상황이 이럴진대, 성경의 여인들의 이야기는 더욱 더 하나님의 드러나는 구속사로부터 비껴나가 있습니다. 우리는 롯의 두 딸의 이야기를 꺼림칙하게 여기고, 유다의 자부 다말의 이야기를 설교나 성경공부의 주제로 끄집어 올리기를 주저합니다. 룻과 라합과 밧세바의 이야기는 이스라엘 자손의 번성과 발전의 역사에서 들러리 역할 이상의 아무런 의미를 끄집어 내지 못합니다. 우리는 이 모든 여인들이 예수님의 계보에 이름을 올리고 있다는 것을 알지만, 그들의 채 다 기록되지 못한 헌신을 유념하여 성찰하지 않습니다. 이렇게 우리에게 잊힌 사람들은 그들이 당하고 그들이 경험한 그 모든 고통과 고난으로 인한 슬픔을 그저 홀로 끌어안은 채로 우리의 주요 신앙 기억 사이사이에서 천천히 망각의 길로 빠져나가고 있습니다. 그들은 마치 버지니아 울프Virginia Wolf의 소설 『등대로』To the Lighthouse에 등장하는 램지 부인처럼 하늘 하나님과 세상을 주도하는 모든 이들의 요구를 "해면"처럼 받아들이지만, 정작 자기는 어디에서도 드러내지 못하는 삶을 살았고 그렇게 우리에게서 잊혀졌습니다.

05

예수님께서는 예루살렘 군중들의 '열광적인'enthusiastic 관심 가운데 예루살렘에 입성하시고 그 며칠 후 역시 예루살렘 군중들의 '광포한'furious 호도 가운데 십자가에 처형되셨습니다. 예수님께서는 체포되어 채 스물네 시간도 되지 않아 재판과 선고가 이루어지고 처형이 집행되어 돌아가셨습니다. 예수님

께서 돌아가시던 그 날 오전 내내 그리고 오후 내내 흥분하여 들썩이던 예루살렘은 안식일이 시작되던 그 날 저녁 순식간에 고요해졌고 십자가에서 숨을 거두고 죽은 존재가 된 예수님은 어느새 잊힌 존재가 되었습니다. 예수님께서는 그렇게 제자들과 주변 사람들, 예루살렘 사람들에게 잊힌 존재가 되어 망각의 무덤, 잊힌 자리에 계셨습니다. 누구도 예수님을 기억하지 않았습니다. 예수님에 대한 생각을 되살리려 해도 로마의 군인들과 무덤 입구에 놓인 커다란 돌이 사람들의 기억하려는 노력을 막아섰습니다. 그때 몇몇 여인들은 망각의 자리에 갇힌 채 잊힌 예수님을 기억하고 회상하며 예수님을 찾았습니다. 그들은 예수님께서 계신 무덤으로 가 거기서 예수님을 만나고 예수님을 추억하며 예수님의 뜻을 되새기려 했습니다. 그렇게 여인들이 예수님을 기억의 자리로 끌어내려 노력할 때 하나님께서는 예수님을 죽음과 망각의 자리가 아니라 부활과 기억의 자리로 이끄셨습니다. 그리고 망각의 죽음으로 휩싸인 슬픔의 예수님을 생명과 기억의 부활로 승리하는 예수님이 되게 하셨습니다. 잊힌 이들을 떠올리고 되살려 추억하는 일은 부활로 달려가는 고난의 마지막 시간에 중요한 신앙의 작업입니다. 우리 역시 지난 역사와 우리가 걸어온 길의 여정에서 잊힌 존재들, 오늘 우리 삶과 사역의 현장에서 잊힌 존재들을 기억하고 그들이 걸어온 길, 살아온 삶의 조각들을 꿰맞추는 노력을 시도해야 합니다. 우리가 기도 가운데 그렇게 잊힌 사람들의 눈물을 닦아주려 할 때, 푸치니Giacomo Puccini가 친구인 사보이 공작의 부고를 듣고 하룻밤 만에 작곡했다는 작고 슬픈 음악 "크리산테미"Crisantemi, 국화라는 의미는 우리의 노력을 도울 것입니다.

기립과 찬양
애통하는 자에게 복을

Georg Friedrich Handel
'Messiah', HWV.56, Part1: No.4
"And the glory of the Lord"

Georg Friedrich Handel

'Messiah', HWV.56, Part1: No.4
"And the glory of the Lord"

01

예수님께서는 갈릴리의 산 위에 앉으셔서 당신의 사람들을 부르신 뒤 하나님 나라의 도리를 가르치셨습니다. 그때 예수님께서는 이렇게 말씀하셨습니다. "애통하는 자는 복이 있나니 그들이 위로를 받을 것임이요"마 5:4. 슬픔의 현실에 직면하여 울 줄 아는 것은 복입니다. 우리가 사는 세상은 우리가 슬픔에 직면했을 때 바보같이 굴지 말고 어서 딛고 일어서 돌파구를 찾을 궁리를 하라고 가르칩니다. 캐나다 출신 가수 앨라니스 모리셋Alanis Morissette은 어느 콘서트장에서 노래를 부르다말고 이렇게 말했습니다. "넘어져 아프고 쓰릴 때 바보같이 굴지 마세요. 울지 마세요. 여러분, 그대로 일어서서 그다음을 생각하세요." 우리는 울지 않아야 하는 세상, 그래서 감히 울지 못하는 세상을 살아갑니다. 그러나 성경은 그 반대의 길을 이야기합니다. 성경은 인생의 가장 아픈 순간, 가장 쓰리고 고통스러운 순간에 그 자리에 앉아 울 줄 알라고 가르칩니다. 그러면서 우리에게 "애통하는 것이 복"이라는 명제를 가르칩니다. 예수님께서 그리고 성경이 가르치는 울음에 관한 가르침은 분명합니다. 우는 사람에게 위로자가 함께합니다. 울고 있는 어린아이에게 어른의 손길이 다가가듯, 통곡하는 여인의 어깨에 사랑하는 이의 감싸 안아주는 손길이 주어지듯, '위로'comfort는 아프고 슬퍼 눈물짓고 통곡하는 이에게 임하는 하나님의 은혜입니다. 지치고 힘들고 아파 주저앉았으면 어깨 위 짐 같은 사명은 잠시 내려놓고 그저 한 번 우는 것이 좋습니다. 그렇게 자기를 위해 시간을 들여 우는 일, 슬픈 일을 슬픈 일답게 만드는 일, 아픈 것이 아픈 것이 되게 하는 일, 고통이 고통으로 정당하게 우리를 짓누르게 하는 일은 우리를 하나님의 위로 가운데로 인도하는 지름길이 됩니다. 아브라함은 아내 사라의 죽음을 충분히 슬퍼했고, 야곱은 요셉이 죽었다는 소식을 들었을 때 온전히 슬퍼했습니다. 다윗과 시편의 시인들은 애통한 시간을 눈물로 보내는 일을 주저하지 않았고, 예레미야는 무너진 예루살렘과 고통의 나락으로 떨어진 그 백성들을 위해 신실한 애도의 시간을 가졌습니다. 애통할 줄 아는 이에게 하나님의 위로가 임합니다.

02

그러나 우리는 슬픔의 시간에 우리가 혼자가 아니라는 것을 기억해야 합니다. 사실 슬픔은 혼자만의 시간입니다. 많은 사람이 인생의 아픔과 고통의 시간에 홀로 있음을 경험합니다. 그것은 마치 시인 T. S. 엘리엇T. S. Elliot이 지은 '프루프록의 사랑의 노래'*The Love Song of J. Alfred Prufrock*에 나오는 외로운 인간의 모습과 같습니다. 시인의 이상스런 사랑의 시에는 이런 구절이 있습니다. "인어들이 노래하는 것을 들었습니다. 그들은 서로가 서로에게 노래합니다. 그녀들이 나를 향해 노래할 것 같지는 않습니다." 노래를 부르는 사람이 인어들의 노래로부터 자기를 이격시켜놓듯, 슬픔에 빠진 사람에게 세상의 시끌벅적한 삶의 소리들, 그 사이사이로 들리는 노랫소리들은 무의미합니다. 그 모든 것들은 슬픈 자기로부터 한참이나 동떨어져 있는 것 같습니다. 누구도 함께하지 않고 누구도 함께하기를 원하지 않는 시간, 그것이 바로 우리의 슬픔의 시간입니다. 그러나 그런 고독한 슬픔의 시간은 구슬픈 서주prelude에 불과하다는 것을 우리는 알아야 합니다. 우리 슬픔에는 동반자가 있습니다. 그들은 우리의 슬픔을 알아주고 우리의 슬픔에 동행하며 우리의 슬픔을 위해 기도합니다. 동반자가 있는 슬픔이 바로 우리 슬픔의 본론입니다. 이것은 예수님에게마저도 적용됩니다. 예수님께서는 그 모든 고통스러운 십자가 길을 홀로 시작하셨지만, 십자가 고난의 시간, 고통의 시간, 그 슬픔의 시간에는 함께하는 동행자들이 있었습니다. 예수님의 십자가 길에는 울어주려 하던 예루살렘의 여인들이 있었습니다. 예수님의 골고다 현장에는 동반하여 함께 고통당하는 동료들이 있었습니다. 그리고 그 슬픔의 현장에는 어머니가 있었고

The Descent from the Cross, 1435
Rogier van der Weyden

사랑하는 제자가 있었습니다. 무엇보다 그 고통스러운 죽음의 현장에는 침묵하며 지켜보시던 하늘 아버지 하나님이 계셨습니다. 예수님의 슬픈 십자가 길에는 그렇게 동행하며 공감하고 기도하는 사람들이 있었습니다. 그래서 우리의 슬픔은 슬픈 자와 동행자가 함께 손을 잡고 기도하며 버티고 이기는 시간입니다.

03

우리는 이제 우리 슬픔이 참된 슬픔이 되도록 해야 합니다. 슬픔이 진정한 슬픔이 되는 것은 우리가 서로 손을 잡고 우리의 슬픔이 참된 슬픔으로 다가오도록 기도하는 시간에 우리 가운데 일어납니다. 참으로 슬퍼하는 사람은 눈물로 기도문을 써 내리고 애통함으로 찬송시를 짓습니다. 슬픔은 그렇게 우리의 기도소리에서, 우리의 노랫소리에서 진정한 슬픔의 모습을 갖추고 애가lamentation로 승화합니다. 예루살렘의 멸망과 이스라엘 백성의 고통은 그 자체로 파괴의 소리고 고통의 비명입니다. 그러나 그 모든 소리와 광경이 예언자에 의해 기도가 되고 찬송이 되어 애가로 끌어올려졌을 때, 그들의 슬픔은 다른 누군가에게 울림 있는 공감의 참된 슬픔이 되었습니다. 슬픔이 기도 말과 찬송의 곡조를 통해 애가가 되고 참된 슬픔이 될 수 있다면, 그 슬픔은 그때부터 나누는 슬픔이고 축제하는 슬픔이며, 기어이 성찰 가운데 멋진 유훈처럼 길이 남는 슬픔이 됩니다. 그렇게 해서 우리의 슬픔은 슬픈 자의 마음을 더욱 깊게 하고 슬픔에 함께하고자 하는 사람들이 동행과 위로의 여지를 가질 수 있게 됩니다. 그렇게 해서 우리 하늘 하나님 역시 지극히 정련된 슬픔의 자리에 임재하셔서 그 지극한 슬픔을 이어 삶의 새로운 창조의 길을 열어주십니다. 슬픔은 그렇게 해서 우리의 지속되는 내일의 삶을 위한 자양분이 됩니다. 오늘 우리 시대의 슬픔은 어떻습니까. 우리는 지극히 본능적이어서 알아들을 수 없는 비명만 가득한 슬픔들을 상대합니다. 어느 면에서도 슬프지 않거니와 애도의 기도와 애통한 마음의 가락, 즉 애가도 없는 슬픔입니다. 우리는 우리의 슬픔을 피곤해 합니다. 이제 우리는 슬픔이 진정한 슬픔이어야 하는 일, 그 일에 대한 진중한 사명을 품어야 합니다. 그래서 우리의 슬픔이 고통에 대한 동물적인 비명이 아니라 슬픔에 대한 우리 모두의 공감이 가득한 축제의 예배가 되도록 해야 합니다. 예레미야와 같이 참된 슬픔으로 인도하는 사명, 그것이 바로 우리가 스스로와 서로와 그리고 시대를 향해 품어야 하는 하늘의 사명입니다.

04

우리는 종말을 향한 신앙의 고백 가운데 우리 슬픔을 직면하고 서서 그것이 깊은 슬픔이 되도록 해야 합니다. 우리가 신앙하는 종말은 난잡한 혼란의 도구들이 증설되고 고난과 고통이 가중되는 시간입니다. 성경에 대한 진중한 묵상과 그 신앙고백에 의하면 종말의 시간이 가속할수록 우리의 슬픔과 우리의 눈물은 기하학적인 비례로 증가합니다. 그런데 고통이 증가하는 종말의 시간에 우리는 슬퍼하기에도 벅차고 슬픔의 사건들을 따르기에도 벅찬 난감함을 경험합니다. 슬픔은 우리가 감당할 수 없으리만치 커집니다. 그리고 우리의 가속하는 종말의 시대에 슬픔은 우리에게 암덩어리로 진단되고 제거의 대상이 되어버립니다. 종말의 시간이 거듭될수록, 그래서 인간의 교만과 악이 두려움 없이 성장하게 될 때 우리의 슬픔을 경험하는 일은 불필요한 일이 되고 떼어내야 할 종양덩어리로 취급받게 됩니다. 그러나 이런 시대에 우리는 고난 받기를 두려워하지 말며 슬픔 가운데 있는 것을 어려워하지 말고 "도리어 그 이름으로 하나님께 영광을 돌리라"는 성경 베드로전서의 말씀을 기억해야 합니다 벧전 5:16. 우리가 고통과 슬픔을 온전히 경험할 수록에 우리의 종말의 기쁨도 클 것입니다. 우리가 우리의 고통을 있는 그대로 경험하고 그로부터 주어지는 슬픔의 눈물을 한껏 흘리게 될 때 우리가 종말에 누리게 되는 빛의 시간, 우리의 눈물과 근심과 우리의 아픔이 제거되는 기쁨도 크고 놀랍게 될 것입니다. 요한은 묵시를 통해 우리에게 이렇게 가르칩니다. "보좌 가운데에 계신 어린 양이 그들의 목자가 되사 생명수 샘으로 인도하시고 하나님께서 그들의 눈에서 모든 눈물을 씻어 주실 것임이라"계 7:17. 요한은 하나님께서 환란과 고난과 고난으로 주어지는 슬픔을 이기고 하나님의 나라에 도착한 성도들의 "모든 눈물을 그 눈에서 닦아 주시니 다시는 사망이 없고 애통하는 것이나 곡하는 것이나 아픈 것이 다시 있지 아니할 것"이라고 선언합니다계 21:4. 슬픔은 종말을 향한 우리의 순례 여행의 귀중한 동반자입니다. 우리는 그 슬픔을 더 깊고 풍성하게 그리고 은혜롭게 하는 사명을 받은 하늘 나그네들임을 기억해야 합니다.

05

파블로 피카소는 1937년 스페인의 게르니카 지역에 대한 독일군의 폭격과 그 때문에 발생한 사람들의 죽음 그리고 그로 인해 빚어진 슬픔을 커다란 화폭의 그림으로 담아냈습니다. 그리고 그림의 이름을 마을 이름을 그대로 가져와 '게르니카'Guernica라고 했습니다. 가로 폭이 거의 8미터에 이르는 이

Guernica, 1937
Pablo Picasso

거대한 그림은 당시 나치 독일의 콘도르 군단이 자행한 무자비한 파괴와 죽음 그리고 슬픔을 인상적으로 표현하고 있습니다. 피카소는 이 그림을 통해 당시 스페인 전체주의의 무도한 횡포와 독일군의 무자비함 그리고 그 아래서 마치 가축처럼 도륙되는 사람들의 고통과 슬픔을 표현했습니다. 그는 지성이 있는 화가로서 그의 시대와 그의 나라 그리고 그의 동포들이 겪는 아픔과 슬픔을 온전히 표현하려 애썼습니다. 피카소의 이 유명한 그림은 이후 인간의 잔인함과 그리고 인간의 고통과 슬픔을 고민하고 생각하려는 사람들에게 길을 안내하는 역할을 다하고 있습니다. 많은 사람이 그의 그림을 통해 인간의 고통을 이해하고 나누며 슬픔을 배우고 공감하는 법을 배우고 있습니다. 우리의 슬픔에 관한 묵상 역시 우리 자신과 동료들 그리고 우리가 살아가는 세상에게 길이 될 수 있습니다. 우리가 슬픔을 보다 깊이 있게 경험하고 그것을 묵상하여 나누면, 우리의 슬퍼하는 길은 바르고 명료해지고 우리를 따르는 사람들의 슬픔의 길도 그렇게 될 수 있습니다. 그렇게 될 때 우리와 모두는 진정으로 인간다운 슬픔, 진정한 하나님의 슬픔을 경험하고 나누게 될 것입니다. 우리의 문제는 슬픔이 없는 것이 문제가 아닙니다. 우리의 문제는 정련되어 깊고 풍성한 슬픔이 없는 것입니다. 우리는 이제 슬픔의 사도가 되어야 합니다. 오늘 이 책을 갈무리하는 그대에게 슬픔은 무엇입니까. 그대는 슬픔을 어떤 방식으로 다루고 있습니까. 그대는 슬픔의 사도입니다. 그대를 따르는 이들이 슬픔을 가르치고 슬픔을 이끌어 슬픔의 고개를 온전히 넘어서게 하십시오. 그렇게 온전히 슬픔을 딛고 기쁨의 새 날, 그 영롱한 아침을 맞이하게 하십시오. 이것이 그대를 슬픔의 사도로 세상에 보내신 하나님의 뜻입니다.

Appendix
토비아 앙상블의
'라헬의 눈물'

김경응
샬롬교회 장로
토비아 앙상블 단장

토비아선교회는 매년 고난주간에 스스로를 순례자요 하늘 나그네로 여기는 한국교회의 신실한 성도들과 더불어 진중한 신앙의 묵상을 함께 나눕니다. 그리고 선교회의 이 귀한 사역에는 토비아선교회와 동역하는 연주자들, '토비아 앙상블'의 연주가 함께해 왔습니다. 토비아 앙상블은 샬롬교회의 예배 연주자들로 교회의 예배와 기도회 등 다양한 신앙 활동의 음악 인도자로 성도들의 신앙을 더욱 깊이하고 샬롬교회의 예배와 사역이 더욱 풍성하도록 안내해 왔습니다.

코로나19로 온 세상이 멈춰서고 서로의 왕래와 교류를 닫던 시점에 앙상블은 토비아선교회와 더불어 의미있는 음악적 사역을 위해 여러 가지 방안을 고민하기 시작했습니다. 그래서 먼저 시작된 것이 바로 고난주간 음악 묵상을 위한 연주 음원을 한국교회와 그리고 신앙인들과 공유하는 것이었습니다. 2021년에는 하이든Franz J. Haydn의 유명한 고난주간 예배곡 '예수님의 십자가 위 일곱 말씀' *The Seven Last Words of Jesus on the Cross*를 연주하고 그 음원을 강신덕 목사님의 고난주간 묵상집 『이 사람을 보라』와 더불어 한국교회에 무상으로 나누었습니다. 이어서 2021년 가을에는 샬롬교회의 '우리가 순례하는 길' 사진 전시회에서 겨울을 맞이하며 토비아 앙상블의 '작은 음악회'를 진행했습니다. 이외에도 토비아 앙상블은 찬송가 곡들을 묵상용으로 재편하여 연주한 뒤 음원을 한국교회의 새벽기도 등 각종 기도회에서 활용할 수 있도록 공유하는 일에도 동참했습니다. 이외에도 토비아 앙상블은 교회의 음악예배와 병원이나 사회봉사 기관 등에서 사역자들과 환우들을 위한 위로 음악회를 진행하는 일 등의 다양한 헌신의 사역을 다하고 있습니다.

2022년 사순절과 고난주간을 맞아 토비아 앙상블은 눈물의 의미를 나누고 하늘 아래 삶 가운데 울 줄 아는 이들의 슬픔의 시간을 함께하는 음악을 연주하고 음원으로 제작했습니다. 제목은 토비아선교회의 고난주간 묵상집 『라헬의 눈물』 *Rachel's Weeping*로 해 두었습니다. 족장 야곱의 아내이자 요셉과 베냐민의 어머니, 눈물의 어머니 라헬은 아들들이 겪을 슬픈 고난의 삶을 바라보며 슬퍼했습니다. 그녀는 이후 베냐민 지파의 고난에 슬퍼하는 어머니의 모습으로, 그리고 나아가 이스라엘 백성의 이방 나라 가운데 겪는 모든 고난을 슬퍼하는 어머니의 모습으로 기억됩니다. 라헬은 예수님의 시대, 헤롯의 흉폭한 만행으로 죽은 3,000명의 베들레헴 일대 어린아이들의 죽음을 슬퍼하는 어머니의 모습으로 신약성경에도 기록되었습니다.

토비아 앙상블은 이런 어머니들의 슬픔을 대표로 하는 어린이들의 슬픔, 세상의 슬픔, 그리고 아버지의 슬픔과 나아가 잊힌 존재들의 슬픔을 슬픈 클래식 음악 연주로 함께 나누었습니다. 이번에 토비아 앙상블이 함께 나누는 슬픈 음악들의 목록은 다음과 같습니다.

1. Elgar, Edward Variations on an original theme op. 36 'Enigma' No.9 "nimrod"

2. Elgar, Edward, 3Motets op.2
   No.1 "Ave Verum Corpus"
   No.2 "Ave Maria"

3. Mozart, Wolfgang Amadeus
   "Ave Verum Corpus", K.618

4. Haydn, Franz Joseph
   'The seven last words of Christ on the cross', op.51,
   "Intermezzo"

5. Allegri, Gregorio
   "Miserere mei, Deus"(Psalm 51)

6. Puccini, Giacomo
   "Crisantemi" SC.65

7. Handel, Georg Friedrich
   'Messiah', HWV.56, Part1: No.4
   "And the glory of the Lord"

이번 '라헬의 눈물' 연주와 녹음은 기존의 앙상블 연주자들과 몇몇 헌신적인 객원 연주자들 그리고 녹음과 믹싱 전문가의 도움으로 완성 되었습니다. 멋진 음악 연주와 녹음 그리고 음원 제작을 위해 수고해 주신 분들에게 감사드립니다. 토비아 앙상블 2022년 '라헬의 눈물' 연주 및 녹음 제작에 함께해 주신 분들은 뒤 페이지에 기록된 것과 같습니다.

토비아 앙상블의 2022년 고난주간 묵상 음악 '라헬의 눈물'은 기본적으로 샬롬교회 책임 목사인 강신덕 목사님의 고난주간 묵상집 『라헬의 눈물』Rachel's Weeping을 읽고 묵상하는 일을 돕기 위해 제작되었습니다. 그래서 앙상블의 음악은 토비아선교회를 통해 영상묵상자료로 재제작되었으며, 토비아선교회의 유튜브 채널을 통해 무료로 제공되고 있습니다. 그리고 토비아 앙상블의 '라헬의 눈물' 음원은 국내 각종 음원사이트를 통해 스트리밍과 구매를 할 수 있습니다. 토비아 앙상블은 '라헬의 눈물' 외에도 2021년도 사역이었던 '이 사람을 보라'를 한국교회와 함께 나누고 있습니다. 교회에서 깊고 진중한 음악으로 예배와 기도회를 나누기를 원하시는 분들은 토비아 앙상블 혹은 토비아선교회로 연락주시기 바랍니다. 토비아 앙상블은 이 수익금을 토비아선교회의 어린이 교재 번역 및 선교지 보급 사역을 위해 헌금으로 드릴 것입니다.

토비아 앙상블의 음악 연주와 녹음 및 음원 제작, 그리고 기타 작업들을 위해 수고해 주신 연주자들과 여러분들에게 감사드립니다. 토비아선교회 김덕진 목사님과 사역자 여러분에게도 감사드립니다. 여러분의 열정과 헌신을 통해서 토비아 앙상블은 하나님의 영광을 세상과 조국교회에 은혜로 끼칠 수 있습니다. 이외에도 샬롬교회 강신덕 목사님과 교우 여러분들에게도 감사드립니다. 여러분의 기도와 지원 그리고 격려야

말로 토비아선교회의 중요한 자원이며 힘의 근원입니다. 올해도 변함없이 사순절과 고난주간에 토비아 앙상블의 사역이 펼쳐지고 있습니다. 하나님께 감사드립니다. 무엇보다 우리를 위해 고난 받으시고 죽으신 예수님, 당신의 사랑에 깊이 감사드립니다.

토비아 앙상블의 사람들

Tobia Ensemble

단장 김경웅

---- 연주자 ----

Cello 임이랑

예원학교
서울예술고등학교
한국예술종합학교
현, 콰르텟엑스 멤버
현, 토비아 앙상블 멤버

1st Violin 김현지

예원학교
서울예술고등학교
서울대학교
현, 코리안챔버오케스트라 단원,
현, 유나이티드 오케스트라 악장

2nd Violin 양승빈

선화예중
서울예술고등학교
맨해튼 음악대학교
현, 콰르텟엑스 멤버

Viola 홍성원

덕원예술고등학교
한국예술종합학교 예비학교 수료
한국예술종합학교 졸업
현, 콰르텟엑스 객원연주자

Piano 최소영

연세대학교
연세대학교 대학원
현, 전문반주자로 활동
현, 토비아 앙상블 멤버

Recording Director 이수
Recording Studio KBS Studio16
Mix&Mastering Studio CSMUSIC & STUDIO
Mixing & Mastering 김희재
Producer 임이랑
Executive Producer 오인표

라헬의 눈물

Rachel's Weeping

Edward Elgar
Variations on an original theme op. 36 'Enigma' No.9 "nimrod"

Edward Elgar
3Motets op.2, No.1 "Ave verum corpus", No.2 "Ave Maria"

Mozart, Wolfgang Amadeus
"Ave Verum Corpus", K.618.

Franz Joseph Haydn
'The seven last words of Christ on the cross', op.51,"Intermezzo"

Gregorio Allegri

"Miserere Mei, Deus"(Psalm 51)

Giacomo Puccini

"Crisantemi" SC.65

Georg Friedrich Handel

'Messiah', HWV.56, Part1: No.4
"And the glory of the Lord"

"라헬의 눈물"의 음원은 각종 음원사이트에서
스트리밍 및 구매를 통해 감상하실 수 있습니다.

라헬의 눈물

Rachel's Weeping

책과 음악의 제작 및 출판을 위해 함께해 주신
샬롬교회 동역자들과 장로님들 그리고 성도 여러분,
충무교회 성창용 목사님과 당회원분들 그리고 성도 여러분,
한우리교회 윤창용 목사님과 당회원분들 그리고 성도 여러분께
진심으로 감사드립니다.